Christiane Eckert
Räuber, Mörder, Höschendiebe

GERECHT VND MILD

Christiane Eckert
Räuber, Mörder, Höschendiebe
Geschichten aus dem Strafgericht

INHALT

    8 *Anstelle eines Vorworts*

  12 *Der arme Millionär*
  18 *Doppeltes Lottchen vor Gericht*
  22 *Drum prüfe, wer sich ewig bindet*
  25 *Gut versteckt ist halb geschmuggelt*
  28 *Gehörnt*
  31 *Pleiten und Pannen*
  34 *Parkhäuser für Ungarn*
  37 *Grapscher hinter der Weihnachtskrippe*
  41 *Rote Wurst für falsches Geld*
  44 *Ali Baba und der Datenschutz*
  48 *Ausgeräuchert*
  52 *Cannabis und Currywurst*
  53 *Mogelpackung*
  56 *Auch Liebe muss versteuert werden*
  60 *Schnitzel, Kalbsbrust, Lungenbraten*
  63 *Der mörderische Schlauch*
  65 *Sonne, Sand und Kokain*
  69 *Unverbesserlicher Höschendieb*
  72 *Die verflixten Fremdwörter*
  82 *Zarte Klänge aus Nachbars Garten*
  84 *Nix ist fix*
  87 *Staatsanwalt und Zugauskunft*
  90 *Wirkungsloses Pokerface*
  94 *Maria und die Zukunft*
  96 *Gratis Bingo*
100 *Hüttenzauber*
104 *Der Auftragskiller, der seinen Auftrag vergaß*
106 *Auch Räuber müssen planen*
110 *Unruhestifter*
112 *Raub mit Knoblauchpresse*
114 *Spaßvogel auf Abwegen*
118 *Erfahrung ist durch nichts zu ersetzen*

123 *Zur Person*
125 *Dank / Impressum*

ANSTELLE EINES VORWORTS

Gerichte gelten stets als streng
Für manchen wird's dort sicher eng
Beweise fälschen, unterschlagen
Da geht's Ganoven an den Kragen

Doch manchmal ist es auch zum Lachen
Was Richter, Staatsanwälte machen
Was Gauner und Verbrecher bieten
Mal Genies, dann wieder Nieten

Des einen Taktik ist recht schlau
Wenn nicht, dann muss er in den Bau
Prozess ist eben richt'ges Leben
Da kann es einfach alles geben

Den Räuber, der sein Geld verlor
Und schoss sich so ein Eigentor
Den Anwalt mit dem Mundgeruch
Dafür aber mit Seidentuch

Den Gauner, der nicht lang gesucht
Benzintank leer, so kurz die Flucht
Die Zwilling, die getauscht die Rollen
Beide nicht ins Gefängnis wollen

Wer's kurios mag ist hier richtig
Denn Unterhaltung ist mir wichtig
Und Lesern, die nicht lesen mögen
Denen komm ich auch entgegen

Versuchen Sie's! Nicht so bang
Die Schrift ist groß, der Text nicht lang
»Sex and Crime« – der Medien Welt
Weil es den Leuten so gefällt

Was da sonst noch ist gewesen
Können Sie im Buch nachlesen
Ein bisschen dies, ein bisschen das
Wünsche Ihnen recht viel Spaß

Der arme Millionär

Wenn Drehbuchautoren und Schriftsteller manchmal die verrücktesten Geschichten erfinden, um Leser zu begeistern, kann ich das verstehen. Oftmals bietet das eigene Leben über weite Strecken nur Alltägliches. Doch manchmal passieren auch im wirklichen Leben Dinge, die kaum zu glauben sind.

Es ist neun Uhr morgens. Draußen ist es kalt und trüb. Auf den Gängen des Landesgerichts Feldkirch ist es ruhig und friedlich. Nur Alois geht nervös den rot-weiß gefliesten Flur vor dem Verhandlungssaal 56 auf und ab. Er ist hager, sein Haar ist schütter. Er trägt eine braune Bundfaltenhose und einen viel zu weiten Sakko. Ihm ist anzusehen, dass er zum ersten Mal in seinem Leben vor Gericht steht.

Jetzt stolziert eine junge Frau mit hochhackigen Lackstiefeln, hautenger Hose und goldfarbenem Handtäschchen um die Ecke. Auch sie sucht den Verhandlungssaal 56. Kaum zu glauben, dass diese beiden äußerlich so unterschiedlichen Menschen zum selben Prozess geladen sind. Dann wird die Strafsache aufgerufen. Das Mikrofon lässt die Stimme der jungen Richterin durchs ganze Haus hallen. Die Wartenden betreten den Verhandlungssaal.

Der schüchterne 46-jährige Bregenzer ist als Zeuge geladen und wird deshalb wieder nach draußen geschickt. »Wann komme ich dran«, will Alois zögernd wissen. »Sie werden aufgerufen«, erklärt die blonde Vorsitzende freundlich.

Auf der Anklagebank nimmt die junge Frau Platz. Sie wirft lässig ihr Haar nach hinten als wäre sie zu einem Casting geladen. Ihre Personalien werden rasch kontrolliert: 30 Jahre, geboren in Graz, von Beruf Nageldesignerin und Fitnesstrainerin. Die etwas stämmige Frau erzählt, dass sie maturiert und danach einige Semester Rechtswissenschaft studiert habe. Doch dann lockte eine lukrativere Einnahmequelle. Sie begann dem horizontalen Gewerbe nachzugehen.

In Vorarlberg, wohin die Dunkelhaarige dann zog, lernte sie über eine Kontaktanzeige den 46-Jährigen kennen. Sie traf sich mit ihm und hatte bald das Vertrauen jenes Mannes, der überall als Sonderling galt, gewonnen. Doch Alois, der sein Geld auf dem Bau verdient, war an schnellem Sex oder Sado-Maso-Spielen nicht interessiert. Er suchte Nähe, Anschluss, Familie und eine

verständnisvolle Partnerin. Kein Mensch hätte hinter der Fassade des ausgemergelten Mannes einen glücklichen, ja sogar zweifachen Lottogewinner vermutet.

Vor mehreren Jahren gewann er bereits zum ersten Mal eine ansehnliche Summe beim Glücksspiel. Ein paar Jahre später noch einmal 10 Millionen Schilling. Er kaufte einige Wohnungen, um das Geld anzulegen. Ansonsten lebte er weiterhin bescheiden und ging wie gewohnt zur Arbeit. Es dauerte nicht lange, bis die Prostituierte herausfand, dass sie einen wahren Goldesel an Land gezogen hatte. Sie jammerte was das Zeug hielt, und so gab ihr der gutmütige Alois immer wieder Beträge bis zu 5.000,– Euro. So kam es, dass das Vermögen des einstigen Glückspilzes zusehends kleiner wurde. Während Alois weiterhin jeden Morgen sein Jausenbrot schmierte, zur Baustelle fuhr und hart arbeitete, fuhr seine anspruchsvolle Angebetete teure Sportwagen und gab für »neue« Brüste 12.000,– Euro aus.

Mit angeklagt ist auch der tatsächliche Freund der solargebräunten Betrügerin. Er passt optisch schon eher zu ihr. Breitschultrig, braungebrannt, sportliches Outfit. Auch er ließ es sich gut gehen. Harley Davidson und Großbild-TV hoben seinen Komfort. Man besuchte teure Restaurants, ließ sich in Wellnesscentern verwöhnen und gab großzügig kostspielige Lokalrunden aus. »Ich hatte keine Ahnung woher das Geld stammte, meine Freundin gab es mir einfach«, stammelt der Bodybuilder und wäscht seine Hände in Unschuld. Und er hat Erfolg. Er wird freigesprochen.

Die Verhandlung dauert und dauert. Geschickt weicht die Angeklagte aus, findet ausschweifende Erklärungen. Sie weiß, dass die Unterbringung in einer Bleibe mit ausgesprochen bescheidenem Lebensstandard droht. »Die Angeklagte hat das Opfer ausgenommen wie eine Weihnachtsgans«, ärgert sich der rothaarige Staatsanwalt. Er rückt seine Brille zurecht und schüttelt verständnislos den Kopf.

Nach dreistündiger Verhandlung klopft es an der Tür. Der ungeduldige Millionär will wissen, was der Stand der Dinge ist. »Wann komm ich denn endlich dran? Ich wurde auf neun Uhr bestellt. Ich habe schon großen Hunger und Durst und aufs Klo muss ich auch«, jammert Alois verzweifelt. Die junge Richterin entschuldigt sich und bittet ihn höflich, noch etwas zu warten. Ihr ist es unangenehm, den Mann so lange vertrösten zu müssen. Doch andererseits kann sie sich bei so viel Direktheit ein Schmunzeln kaum verkneifen. Die Mundwinkel zucken, doch die Beamtin bekommt ihr Lachen unter Kontrolle. Der Geprellte wiederholt noch einmal seine Bedürfnisse, schließt die Tür und zieht sich wieder zurück.

So richtig lieb gewann die Prostituierte den Bauarbeiter, als ihr das Ausmaß des Reichtums bewusst wurde. Sie gab vor, aus der Szene aussteigen zu wollen. Dass für einen Neubeginn zumindest ein Geldbetrag von 50.000,- Euro notwendig ist, sah der Millionär ein. Doch die korpulente Luxusfrau hatte ganz andere Pläne. In Hard ließ die Grazerin von einem Anwalt einen Antrag für die Errichtung eines Bordells einreichen. Die Harder wollten jedoch kein Freudenhaus in ihrer kleinen Gemeinde und so wurde nichts aus dem Vorhaben. Das Geld buchte die Betrügerin dennoch ab. Dabei unterlief einem Bankangestellten ein folgenschwerer Fehler.

Die vermeintliche Geliebte kündigte telefonisch ihren Bankbesuch an. Dabei händigte der Schalterbeamte der Nichtberechtigten versehentlich das Sparbuch aus. Ein Versehen, welches die Frau zu nutzen verstand. Sie behob die gesamten 192.000,- Euro und fuhr in den Urlaub, ohne sich vom nichtsahnenden Geldgeber zu verabschieden. Bei der Bank hinterließ sie folgende Botschaft: »Vielen Dank für das Geld Schatz, deine Maus«.

Und wieder wirft der Geprellte einen Blick in den Saal. Diesmal wirkt er enttäuscht und aufgebracht zugleich. »Ich bin betrogen worden, muss aufs Gericht, kann nicht auf meine Baustelle und hab Hunger und Durst«, macht er seinem Ärger Luft. »Ich bin doch kein Verbrecher«, fügt er abschließend hinzu. Ein letztes Mal lässt er sich vertrösten. Der vornehm gekleidete Anwalt übernimmt für kurze Zeit die Rolle eines Psychologen. Der Rechtsbeistand begleitet seinen Mandanten kurz hinaus und überredet ihn, sich noch einige Minuten zu gedulden. Endlich ist es soweit und Alois wird in den Zeugenstand gerufen. Dass er nicht auf »seiner« Baustelle sein kann, wo er dringend gebraucht wird, bereitet dem Pflichtbewussten Kopfzerbrechen. Dann beginnt er zu erzählen, wie er von der Prostituierten ausgenutzt worden sei. Dass es seine Freundin ausschließlich auf sein Geld abgesehen hat, kränkt ihn besonders.

»Ich wollte, dass sie mit ihrer kleinen Tochter zu mir zieht, nicht

mehr auf den Strich gehen muss und es einfach gut bei mir hat«, erzählt der Betrogene beinahe unter Tränen. Von anderen hat er schließlich die bittere Wahrheit erfahren. Er bekam gesundheitliche Probleme, war nervlich am Ende und sehr enttäuscht.

Nach acht Stunden Verhandlung steht für die Richterin fest: Die Angeklagte hat ihr Opfer schamlos ausgenutzt und betrogen. Dafür bekommt sie 18 Monate teilbedingt. Die großzügigen Geldgeschenke hat sie strafrechtlich nicht zu verantworten, denn geschenkt ist geschenkt.

Sechs Monate muss die Grazerin absitzen, zwölf werden auf Bewährung ausgesprochen. Die zweite Instanz bestätigt das Urteil. Es bleibt bei sechs Monaten Gefängnis. Das abgehobene Geld – die 192.000,- Euro – muss die Ganovin zurückzahlen, der Anspruch des Betrogenen verjährt erst in 30 Jahren.

»Darf ich jetzt endlich heimgehen?«, will der frustrierte Bauarbeiter wissen. Er darf. Der Anwalt des Opfers bittet noch um eines: Alois hat die größte Angst davor, dass seine Mitarbeiter von seinem Vermögen erfahren. Das wäre ihm unangenehm. Er möchte nichts Besonderes sein und wünscht sich nur eines: Die Sache möglichst schnell zu vergessen, morgen wie gewohnt pünktlich aufzustehen, sein Jausenbrot zu schmieren und auf »seine« Baustelle zu fahren.

Die Nageldesignerin und Fitnesstrainerin muss den Schuldspruch erst verarbeiten. Sie stöckelt aus dem Gerichtsgebäude, neben ihr der Bodybuilder.

Mittlerweile sind die Jahre ins Land gezogen. Die ehemalige Prostituierte arbeitet nun in Deutschland, und zwar im Fitnessstudio ihres muskelbepackten Mannes. Sie verdient offiziell gerade das Existenzminimum, sodass ihr nichts gepfändet werden kann. So wird Alois wohl nie mehr zu seinem Geld kommen. Doch er hat mit dieser Sache abgeschlossen. Hauptsache er hat in Zukunft seine Ruhe, darf weiterhin auf dem Bau arbeiten und muss nie wieder als Zeuge aufs Gericht.

Doppeltes Lottchen vor Gericht

Auch vor Gericht kann es von Vorteil sein, eine Zwillingsschwester zu haben. Davon handelt folgender Fall.

Der Unfall war eigentlich harmlos. Nach einer Großveranstaltung herrschte auf dem Parkplatz ein Gedränge. Alle wollten nach Hause, keiner hatte Lust zu warten. Während sich die Autokolonne langsam in Bewegung setzte, war Laura M. kurz unachtsam und verursachte einen Auffahrunfall. Der Sachschaden war gering: ein paar Glasscherben, einige Kratzer und eine verbogene Stoßstange. Die junge Blondine stieg aus dem Wagen und legte sich mit ihrem schuldlosen Vordermann an. Sie schimpfte, schrie und gestikulierte wild. Danach war sie plötzlich verschwunden.

Im Gerichtssaal hat die zierliche Frau in der weißen Popelinejacke all ihre Wildheit abgelegt. Artig setzt sie sich auf ihren Stuhl und beantwortet die einleitenden Fragen des Richters. »Und Sie bestätigen ausdrücklich, dass die hier Anwesende Laura M. ist?«, wendet sich der Vorsitzende mit ernster Stimme an den Verteidiger. »Ja – natürlich, dafür garantiere ich«, antwortet der vollbärtige Mann im Anzug. »Diese Frage ist durchaus berechtigt. Nicht, dass es nachher wieder heißt, die Angeklagte sei nicht Laura sondern Kerstin M. gewesen. Dann können wir nämlich wieder von vorne anfangen«, erklärt der Richter, der wenig Sinn für Verwechslungskomödien zu haben scheint.

Noch ist den Zuhörern im Saal nicht ganz klar, wie der »Verwechslungstrick« hätte funktionieren sollen. Doch die schrittweisen Erläuterungen geben Aufschluss. Nach dem Auffahrunfall war die Unfallverursacherin plötzlich unauffindbar. Das fiel den anderen Verkehrsteilnehmern erst gar nicht auf, weil der Freund der jungen Dame alle in ein Streitgespräch verwickelte. Der Verkehr staute sich noch mehr – und siehe da – plötzlich tauchte die vermeintliche Unfallverursacherin wieder mitten auf der Straße auf.

Was sich in der Zwischenzeit abgespielt hatte, wurde erst später bekannt. Die stark alkoholisierte Lenkerin war nach Hause gefahren und hatte ihre nüchterne Zwillingsschwester zum Unfallort geschickt. Ähnlich gekleidet, die Haare ebenfalls hochgesteckt, versuchte Kerstin M., die Unfallsituation zu entwirren. Brav erklärte sie der Polizei, wie es zu dem Zwischenfall gekommen war. Sie blies in das Röhrchen und hatte wie erwartet 0,0 Promille. Auch in der Folge nahm sie alle Schuld auf sich und wollte ihrer Schwester aus der Patsche helfen. Doch den Unfallzeugen kam die Sache merkwürdig vor. Und das gaben sie bei ihren Einvernahmen auch an.

Offensichtlich sahen sich die beiden Zwillingsschwestern doch nicht zum Verwechseln ähnlich. Sie hatten sich bei der Wahl der Kleidung zu wenig Mühe gegeben. Da der Unfall auch zivilrechtlich ein Verfahren wegen Schadenersatz nach sich zog, logen die beiden konsequenterweise auch dort. Damit war ihnen aber ein Verfahren wegen falscher Beweisaussage gewiss.

Selbst im strafrechtlichen Vorverfahren blieben die beiden Blondinen bis zur letzten Sekunde bei ihrer Falschaussage. Erst vor dem Strafrichter in der Hauptverhandlung zeigen sie Reue und geben zu, was inzwischen sowieso jeder weiß. »Angesichts einer solch eindeutigen Beweislage zu lügen, ist eine Unverfrorenheit, wie sie einem nicht alle Tage unterkommt. Wir sind ja hier nicht in der Schule«, ärgert sich der Richter noch im Nachhinein über das »Doppelte-Lottchen-Spiel«.

Die zehn geladenen Zeugen dürfen wieder heimgehen. Sie sind froh, dass die Sache endlich zu Ende ist. Mehrfach haben sie mittlerweile bestätigt, was sie gehört, gesehen und gerochen haben. Laura und Kerstin scheinen ebenfalls erleichtert zu sein. Gemeinsam gehen sie den Gang entlang. Die beiden sehen sich zwar sehr ähnlich, aber für eine perfekte Verwechslung sind sie doch zu verschieden.

Drum prüfe, wer sich ewig bindet

Das Thema Liebe ist bei Gericht häufiger an der Tagesordnung als man glaubt. Sie ist Ursache für Stalking, Motiv für Körperverletzungen und Totschlag, Anlass für Intrigen und Betrug. Auf einen Heiratsschwindler bin ich in all den Jahren jedoch nur einmal gestoßen. Für einen »zweifach« verheirateten Schweizer wurde der doppelte Treueschwur teuer.

`03 SCHWINDLER`

Hans T. ist gemeinsam mit seiner Frau zur Verhandlung gekommen. Mit seiner zweiten. Allerdings ist das die, mit der er nicht wirklich verheiratet ist. Die wahre Ehefrau lebt in der Schweiz. Obwohl er sie nicht mehr liebt, ist sie laut Gesetz seine Gattin.

Für mich ist Hans der Inbegriff eines Schweizers: groß, blass, ernster Gesichtsausdruck. Mit versteinerter Miene blickt er auf den Innenhof des Gerichtsgebäudes, wo ein Arbeiter gerade die Mülleimer leert. Er steht mit Anwalt und unrechtmäßiger Ehefrau auf dem Korridor und gibt sich wortkarg. Wie eine Salzsäule steht er da und harrt der Dinge, die da kommen.

Der Prozess beginnt. Die üblichen Fragen nach Name, Geburtsort und Beruf stehen auch hier am Anfang.

Herr T. war in der Schweiz jahrelang verheiratet. Dann geriet die Ehe in eine unüberbrückbare Krise, und das Paar entschloss sich zur Scheidung. Anfangs war eine einvernehmliche Lösung geplant. Die scheiterte jedoch aufgrund mehrerer Streitpunkte. Es kam zu einer Anhörung beim Bezirksgericht Schaffhausen. Dann stockte das Scheidungsverfahren und die zerrüttete Ehe blieb vorerst bestehen.

Der mittlerweile in Vorarlberg ansässige Versicherungsvertreter fand hier bald eine neue Liebe. Die wollte er ebenfalls heiraten. Im Juli war es dann so weit. Die Hochzeitsglocken läuteten für Hans ein zweites Mal. Auf dem Standesamt legte man das übliche Versprechen ab und wählte eine passende Destination für die Hochzeitsreise. Doch die frohe Kunde verbreitete sich wie ein Lauffeuer und erreichte bald Schaffhausen. Seine erste Ehefrau traute ihren Ohren nicht. Ihr rechtlich angetrauter Ehemann hatte eine andere geheiratet! Sie rief beim Standesamt an und erklärte dem Beamten, wen er getraut hatte. Daraufhin wurde die zweite Ehe umgehend annulliert.

Niedergeschlagen sitzt die »neue« Frau in der hinteren Reihe. Dass sie einen bereits verheirateten Mann geehelicht hatte, wusste sie nicht. Nun ist sie die Blamierte und jeder im Saal wirft ihr einen mitleidvollen Blick zu.

»Ich glaube Ihnen einfach nicht. Das alles klingt wie ein Abenteuer«, kommentiert der Richter abschließend die Ausführungen des Eidgenossen und verurteilt ihn wegen Mehrfach-Ehe zu einer Geldstrafe von 13.500,– Euro. »In guten wie in schlechten Zeiten« wollten die beiden zusammenhalten. Doch die Frau in der letzten Reihe hat nicht damit gerechnet, dass die schlechten schon nach vier Monaten anbrechen.

Gut versteckt ist halb geschmuggelt

Das Gros der Drogenprozesse ist aus journalistischer Sicht nicht sonderlich spektakulär. Große Mengen sind selten, die Fälle häufig ähnlich gelagert. Geschmuggelt, gefasst und verurteilt. Doch von Zeit zu Zeit werden ungewöhnliche Schmuggelmethoden öffentlich.

04 | DROGEN

Lukas T. sieht recht unauffällig aus. Er ist 20 Jahre alt, groß, sehr schlank und blass. Aufgrund seiner Größe fällt es ihm schwer, sich aufrecht zu halten. Vielleicht sind es aber auch die Hände in den Taschen der übergroßen, halb über das Gesäß hängenden Hose, die den langen Rücken zu einem Buckel formen. Zahlreiche Schulkollegen der Höheren Technischen Lehranstalt sind gekommen. Sie wissen, was für Lukas heute auf dem Spiel steht. Der ein oder andere Kumpel hat vielleicht schon von den »Strichmännchen« genascht. 9000 Ecstasy-Pillen wurden von Holland über die deutsche Grenze nach Österreich geschmuggelt. Transportiert in Baseballschlägern. Ausgehöhlt und präpariert von Lukas T.

»War euch denn nicht klar, was euch da blüht, wenn man euch erwischt«, fragt der vorsitzende Richter des Drogensenats. Ihm scheint der Junge beinahe leid zu tun. »Doch«, stammelt der schüchtern zurück. Aber die hohen Schulden hätten ihm keine andere Wahl gelassen.

Er machte seinen Job ordentlich. Gut verstaut legten »Versace«, »Roter Sex« und »Pinguin« rund 800 Kilometer zurück, um dann in Discos und auf Clubbings für Stimmung zu sorgen. Nie wäre das Versteck aufgeflogen, niemand hätte je Verdacht geschöpft. Auf die Schliche gekommen ist man den Dealern schließlich im Zuge von Einvernahmen. Konsumenten haben zu viel preisgegeben.

Während der nächsten zwei Jahre wird Lukas wohl kaum auf angesagten Events anzutreffen sein, denn er wird zu einer zweijährigen Haft verurteilt. Wenn er Glück hat, darf er eine Therapie machen und braucht nicht einzusitzen.

Manchmal werden auch Kondome als Versteck für verbotene Substanzen benutzt. Aber auch Roland und Franz, die von dieser Schmuggelmethode Gebrauch machten, wurden geschnappt. Der 35-jährige Ex-Zöllner wusste genau, wer wann am Schweizer Grenzübergang Dienst hatte. Behilflich war ihm ein Bekannter, ein »alter Hase« im Kokaingeschäft.

Die zwei Ganoven versuchten, ihre Auftraggeber zu überlisten. Anstatt das Kokain beim Besteller in der Schweiz abzuliefern, verkauften sie es selbst und konsumierten gelegentlich eine Prise vom weißen Pulver. Trotz findigem Versteck in einem Bahndamm flogen die beiden auf.

Äußerst einfallsreich war auch der Transport im folgenden Fall: Klaus A. ist 28, gelernter Kaufmann und gut aussehend. Er ist als Topmanager in der Privatwirtschaft tätig. Dennoch brachte ihm ein Freundschaftsdienst eine Vorstrafe ein.

Es war Sommer, Klaus A. hatte Urlaub und verbrachte die meiste Zeit auf seinem schnittigen Motorboot. Eines Tages verleitete ihn ein Kollege zu einem Freundschaftsdienst, den er noch bereuen sollte. Als das Wasserschiboot in Rohrschach ablegte, war die grau melierte Wasserschitasche, in welcher sich normalerweise ein schlanker Monoschi befindet, mit fünf Kilo Marihuana gefüllt.

In Bregenz angelangt, chauffierte der Urlauber seinen Freund nach Hause und wähnte sich in Sicherheit. Es war eine Gefälligkeit ohne Gegenleistung oder Bezahlung. Und wieder flog die Causa durch die Aussagen von Klein- und Kleinstkonsumenten auf. Es war nur eine Frage der Zeit, bis der Name Klaus A. fiel.

Der Großverdiener muss nun eine Geldstrafe von 4.400,- Euro berappen. Außerdem wird er zu einer achtmonatigen Haftstrafe auf Bewährung verurteilt.

Interessant ist auch der Versuch von zwei Burschen, an einem heißen Sommertag Suchtgift über den Rhein zu schmuggeln. Während der 20-Jährige sich am Vorarlberger Rheinufer positionierte, wartete sein Komplize auf der Schweizer Seite mit 1100 Gramm Marihuana. Unauffällig wie Badegäste wateten sie durch den Rhein und das Päckchen wechselte ungesehen den Besitzer. Bei den schweißtreibenden Temperaturen schöpfte niemand Verdacht. Die Handelsroute hätte niemand entdeckt, wären da nicht wieder die Kleinabnehmer gewesen, die die Lieferanten verraten haben.

Drogen werden mitunter nicht nur geschmuggelt, sondern auch im eigenen Garten kultiviert. Dass man auch während der Haft zarte Pflänzchen anbauen und ernten kann, hat Klaus M. bewiesen. Wegen mehrer Drogendelikte war der Arbeitslose bereits zu einer viermonatigen, unbedingten Haftstrafe verurteilt worden. Als Vorbereitung auf die bevorstehende Entlassung aus dem Gefängnis nahm er sein Recht auf Hafturlaub in Anspruch. Diesen Ausflug nutzte der Häftling allerdings, um sich neuerlich als Hanfbauer zu betätigen. Dass er noch eine Bewährungsstrafe von mehr als einem Jahr offen hatte, verdrängte Klaus M.

In einem Waldstück setzte er mehrere junge Hanf-Pflänzchen. Danach kehrte er pünktlich ins Gefängnis zurück. »Es war allerdings ein schlechtes Jahr. Viel zu viel Regen«, erinnert sich der ausgemergelte Mann vor dem Richter. 2003 gab's dann viel Sonne, die Ernte war dennoch bescheiden. »Es waren zu wenig weibliche Pflanzen dabei. Männchen kann man nicht brauchen«, teilt der Hanfexperte sein Fachwissen mit dem Drogensenat. Um konkurrenzfähig zu sein, kaufte der Dealer weiteres Marihuana dazu. Als Klaus endgültig aus der Justizanstalt entlassen wurde, erntete er 3,7 Kilo Marihuana. Insgesamt gab Klaus sechs Kilo von dem begehrten Stoff weiter.

Gehörnt

Äußerst peinlich ist einem Angeklagten sein Prozess im Oktober 2005. Er versteckt sich hinter seinem Anwalt, stellt den Jackenkragen hoch und wendet sich ab, um nicht fotografiert zu werden. Peinlich ist auch, was sich der 47-jährige Gastronom Hannes A. geleistet hat. Aber die Tat zeugt auch von großen Gefühlen und erstaunlichem Einfallsreichtum.

05 | EHEBRUCH

Hintergrund der Straftat war eine zerbrochene Ehe. Anfangs liebte die um zehn Jahre jüngere Birgit A. den zwölffach Vorbestraften Hannes A. Doch dann lebte sich das Paar auseinander. Er rührte in seinen Kochtöpfen, und sie fand einen Partner, bei dem sie sich besser aufgehoben fühlte. Das allerdings entfachte die Eifersucht des groß gewachsenen, bärtigen Mannes. »Ich habe das einfach nicht mehr ausgehalten«, stammelt er. »Zu wissen, dass sie zu ihm fährt, machte mich ganz verrückt«, berichtet der Gedemütigte.

Doch dann kam ihm die rettende Idee. Hannes A. bot seiner Frau ein Glas Wein an, bevor sie sich mit ihrem Liebhaber treffen wollte. Plötzlich wurde Birgit schläfrig, hielt den Alkohol für den Grund der plötzlich einsetzenden Müdigkeit und beschloss, zu Hause zu bleiben. Der gehörnte Ehemann schöpfte Hoffnung, seine Gattin jedoch keinen Verdacht.

Auch ein zweites Mal offerierte ihr der Ehemann einen Trunk, als sie sich bereits für den Anderen schön gemacht hatte. Wieder funktionierte der Trick. Birgit hatte im Handumdrehen kein Interesse mehr an einem Schäferstündchen, und wieder hatte der Eifersüchtige sein Ziel erreicht. Insgeheim hoffte er, dass der vergeblich Wartende irgendwann das Interesse an seiner Frau verlieren würde.

Vor dem nächsten Treffen lehnte sie den Wein vorsorglich ab. Hannes forderte sie in vorgetäuschter Besorgnis auf, wenigstens einen Happen zu essen. Sie biss nichtsahnend in das von ihm zubereitete Brot. Doch plötzlich stutzte sie, spuckte das Brot aus und sondierte den Bissen. Warum das Stück Brot einen bitteren Geschmack hatte, konnte sie sich zunächst nicht erklären. Aber ihr war klar, dass irgendetwas nicht stimmte. Als sie das weiße Pulver entdeckte, war des Rätsels Lösung gefunden. Unverzüglich reichte sie die Scheidung ein und erstattete Strafanzeige wegen Nötigung.

Für diese Tat wird der betrogene Ehemann nun verurteilt. Die Geldstrafe in Höhe von 540 Euro spricht der Richter auf Bewährung aus. Er räumt ein, dass die Angelegenheit insgesamt ärgerlich und bis zu einem gewissen Grad menschlich verständlich sei. Der Verurteilte hatte großes Glück, denn damals wohnte er noch auf der Anhöhe. Die Straße, die ins Ortszentrum hinunter führt, ist steil und kurvenreich. Wäre die Frau am Steuer müde geworden und eingeschlafen, hätte die Sache viel schlimmer ausgehen können.

Hannes A. nimmt das Urteil an. Am nächsten Tag fordert er von den Medien jedoch Schadenersatz. Man habe so berichtet, dass jeder im Ort wisse, dass er der Gehörnte sei. Doch die Schadenersatzforderung bleibt ebenso erfolglos wie seine Bemühungen, Birgit wieder an sich zu binden.

Pleiten und Pannen

Auch Gerichtsreporter machen Fehler. Manche sind peinlich, einige werden teuer. Andere wiederum sind einfach nur komisch.

06 | SCHLEPPER

Angeklagt ist Mehmed Ö. Der Mann ist 30 Jahre alt, lebt seit sieben Jahren in Österreich und betreibt ein kleines türkisches Lokal. Mehmed hat schwarze Augen, buschige dunkle Augenbrauen, einen Schnurrbart und üppiges Haar.

Seine Landsleute kommen gern zu ihm, trinken Tee, aber auch Bier und Schnaps. Auch kleine Mahlzeiten werden angeboten, und natürlich wird auch hin und wieder gezockt. Meist entströmen den billigen Lautsprechern orientalische Klänge. Die Tonqualität ist schlecht, aber daran stört sich keiner der Gäste.

Echte Musiker haben bei Mehmed noch nie aufgespielt. Nicht einmal zu besonderen Anlässen. Dafür ist das Lokal zu klein. Dennoch gab Mehmed gegenüber den Behörden immer wieder an, zwecks Unterhaltung türkische Musiker für sein Lokal zu benötigen. Auf diese Weise besorgte der Angeklagte 21 Landsleuten sogenannte Einzelsicherungsbescheinigungen. »Ermöglichten Sie so den Männern, die sich als Künstler ausgaben, einen kurzweiligen Aufenthalt in Österreich?«, will der Richter nochmals wissen. »Ja«, antwortet der Südländer knapp. »Tatsache ist aber, dass keiner der Männer ein Musikinstrument spielen konnte«, hakt der Beamte nach. »I weiß nit«, versucht es Mehmed. »Naja, auf einem Instrument spielen hörten Sie jedenfalls keinen der Eingereisten. Oder? Und in ihrem Lokal schon gar nicht!« Der Vorsitzende verliert langsam die Geduld. Hilfe suchend blickt Mehmed zum Türkischdolmetscher, den man sicherheitshalber beigezogen hat. Der übersetzt und Mehmed schüttelt den Kopf.

Funktioniert hat der Schlepperring folgendermaßen: In der Türkei suchte eine Agentur Ausreisewillige, die bereit waren, 5.000,– Euro zu bezahlen, um als »Künstler« nach Österreich zu gelangen. Für kulturelle Zwecke sozusagen, um Musikern, Malern, Autoren und Forschern einen mehrmonatigen Aufenthalt ohne bürokratischen Aufwand zu ermöglichen.

Die gutgläubigen Menschen reisten ein. Hier angelangt, stellten sie einen Asylantrag. Dadurch war für eine bestimmte Zeit ihr Aufenthaltsrecht gewährleistet. Bis zu einer maximalen Verfahrensdauer von zwei Jahren durften sie legal in Österreich bleiben.

»Sie schleusten zwar nie in Lastautos gepferchte Flüchtlinge ein, aber Schlepperei bleibt Schlepperei«, poltert der Richter. Dass die mittlerweile wieder in ihre Heimat Abgeschobenen die 5.000,- Euro, die sie den Schleppern bezahlten, nie wieder sehen werden, ärgert den Richter besonders.

Der Dolmetscher übersetzt ununterbrochen und Mehmed kontert ausführlich. Allmählich kommt eine Diskussion in Gang. Der Dolmetscher wird immer emotionaler. Sowohl Übersetzer als auch Angeklagter steigern sich in Lautstärke und Ausdruck. »Schluss jetzt!«, schreit der Richter. Er wiederholt noch einmal in aller Kürze den Vorwurf. Mehmed nickt artig.

Von der Möglichkeit eines Schlussworts macht er keinen Gebrauch. Er wartet ab. Für die gewerbsmäßige Schlepperei fasst er fünf Monate Gefängnis und zehn weitere auf Bewährung aus. Und das, obwohl Mehmed bisher unbescholten war. Mit Schleppern meint es Österreichs Strafgesetz nicht gut. Die nächsten fünf Monate wird wohl jemand anderer Mehmeds Gäste bewirten müssen.

Am selben Tag findet eine Verhandlung gegen einen mehrfach vorbestraften Schläger statt. Unzählige Male hat der 130-Kilo-Hüne mit Dauerwelle andere verprügelt. Auch Freundinnen, die für ihn auf den Strich gingen, schlug er krankenhausreif. Nun steht er wieder vor Gericht. Dieses Mal geht es um eine Schlägerei in einer Disco. Ob er das Opfer wirklich so zugerichtet hat, dass es wochenlang im Krankenstand war, ist schwer zu beweisen. Der Arbeiter gibt offen zu, kein Freund von Ausländern zu sein, obwohl er selbst Milan heißt und sein Nachname auf »ic« endet. Der Prozess wegen »absichtlich schwerer Körperverletzung« wird vertagt. Mehrere Zeugen müssen noch einvernommen werden. Der Pressefotograf hat seinen Job bereits erledigt. Kommt es bei der nächsten Verhandlung zu einem Urteil, liegen die Bilder schon vor.

Am nächsten Tag ist der Artikel »Falsche Musikanten ins Land geschmuggelt« bereits abgedruckt. Doch was sehe ich zu meinem Entsetzen? Der Mann auf dem Bild ist nicht Mehmed. Die schwarzen, schulterlangen Kunstlocken, die Tätowierung am Hals, der Stiernacken – das ist Milan, der Schläger!

Milan ruft in der Zeitungsredaktion an. »Spinnt ihr?«, fragt er und trägt hastig seine Beschwerde vor. Er wisse weder etwas von »falschen Musikanten«, noch betreibe er irgendein Lokal. Und schon gar kein türkisches. Da ich den Artikel geschrieben habe, nehme ich den Anruf entgegen. Ich entschuldige mich höflich für das Versehen und garantiere ihm, sein Bild nochmals zu publizieren, und zwar am richtigen Ort. »Das wäre mir schon Recht, denn all meine Bekannten haben mich erkannt, obwohl ich nur von hinten zu sehen bin. Und mit Menschenschmuggel hab ich bei Gott nichts am Hut«, betont Milan. Schlussendlich lässt sich Milan beruhigen. »Alles klar«, sagt er. »Dann bis zum nächsten Mal.« Der brutale Schläger verabschiedet sich beinahe freundlich, und ich bin froh, dass dieses Gespräch beendet ist.

Parkhäuser für Ungarn

Dass Betrüger bei leichtgläubigen Leuten ein leichtes Spiel haben, ist bekannt. Finanzierungsexperten sollten jedoch nicht so leicht auf Schwindler hereinfallen. Wie leicht es ist, einem Geldinstitut 364.000,– Euro zu entlocken, zeigt dieser Fall.

| 07 | § 148 STGB |

»Der erste Eindruck ist der wichtigste« – diesem Motto folgte auch der 51-jährige Deutsche Thorsten M. Mit perfekten Visitenkarten, auf denen er sich als Diplomkaufmann, Direktor, Manager und Firmenchef ausgab, stellte er sich bei einem Vorarlberger Geldinstitut vor. Wen störte es schon, dass die Titel falsch waren? Überprüft wurde in diesem Fall ohnedies nichts. Seine 16 Vorstrafen verschwieg der findige Geschäftsmann. Dass er dreieinhalb Jahre hinter Gittern verbracht hatte, war natürlich nirgends vermerkt.

Selbstbewusst stellte Thorsten seine ambitionierten Projekte vor – Parkhäuser in Ungarn. Die Bank war begeistert von seinen kühnen Visionen. Baupläne, Skizzen, Sponsorengruppen, Investoren – die Geldgeber waren beeindruckt. 364.000,– Euro stellte man ihm bereitwillig zur Verfügung, ohne eine Strafregisterauskunft einzuholen. Auch Anfragen beim Kreditschutzverband unterblieben. Über so viel Nachlässigkeit kann sich die Richterin nur wundern.

Die Sachbearbeiter der Bank geben sich auch heute in der Verhandlung noch ziemlich selbstsicher. »Machte Sie die Tatsache, dass der Deutsche erst seit einem Monat in Österreich wohnte und über keinerlei Sicherheiten verfügte, nicht stutzig?«, will die Vorsitzende wissen. »Man machte es meinem Mandanten wirklich leicht«, wirft der Verteidiger rasch ein. Und er sagt es, als wären die Bankangestellten die eigentlichen Betrüger. »Sie sind jetzt nicht an der Reihe«, ermahnt ihn die Frau Rat und der Anwalt entschuldigt sich kleinlaut.

»Wir haben die Ungarnprojekte nach dem 3M-System übeprüft«, erklärt der Zeuge, der immer noch vorgibt, ein Finanzierungsexperte zu sein, stolz. Natürlich weiß keiner der Anwesenden, was dieses ›3M-System‹ ist. Der Mann aus der Kreditabteilung hat sich dieses vermutlich in einem dreistündigen Abendkurs angeeignet. »Diese drei M's stehen für Management, Marketing und Money«, führt er überheblich aus. Er scheint sich immer noch für den besten Kundenberater aller Zeiten zu halten. Der Staatsanwalt kann sich ein Lachen nicht verkneifen. »Ohhhh – Englisch auch noch!«, bricht es aus ihm raus. »Die Bankensprache benutzt nun mal viele englische Begriffe«, gibt sich der Blamierte nüchtern.

Fakt ist, dass die Bank auf einen redegewandten Schwindler hereingefallen ist. Thorsten M. täuschte Millionengeschäfte und Provisionen vor und keiner schöpfte Verdacht. »Ich verstehe nicht, dass die Revision diese Vorgangsweise nie beanstandet hat«, zeigt sich die Richterin verwundert. Während der Betrüger das Geld verprasste, hegten die Bankangestellten keinerlei Verdacht und ließen sich durch die Korrespondenz mit nicht existenten Firmen täuschen.

Als der Bankleiter nach vier Jahren misstrauisch wurde, übergab er den Fall der Rechtsabteilung. Instinktiv suchte man nach Sicherheiten. Doch Thorsten M. hatte abermals vorgesorgt. In der Zwischenzeit hatte er sich die Zuneigung einer Vorarlbergerin erschwindelt. Die Frau und ihr Vater ließen sich von ihm dazu überreden, eine Bürgschaft für die 364.000,- Euro zu unterschreiben. »Ich habe das dem Kind zuliebe getan«, sagt der Vater im Zeugenstand. Lebensversicherung, Bausparvertrag, die Ersparnisse – alles weg. Sogar einen Kredit hatte der Mann für seinen Schwiegersohn in spe aufgenommen.

Thorsten M. versucht immer noch verzweifelt, dem Gericht weiszumachen, dass sein Ungarn-Projekt durchaus erfolgreich hätte sein können. Es hilft nichts – er muss für 20 Monate hinter Gitter. Er wird abgeführt. Selbst auf dem Flur redet der Deutsche unentwegt, als wären die Justizwachebeamten an einer Investition für sein Ungarnprojekt interessiert.

Die schwere Tür zum Gefängnistrakt fällt dumpf ins Schloss. Hinter der Glasscheibe sieht man Thorsten M. wild gestikulieren. Dort, wo er die nächsten 20 Monate verbringen wird, lassen sich nur bescheidene Geldbeträge lukrieren – für welche Projekte auch immer.

Grapscher hinter der Weihnachtskrippe

Wer glaubt, dass Sittenstrolche nur im dunklen Wald oder in verlassenen Tiefgaragen ihr Unwesen treiben, der irrt. Der folgende Fall zeigt, dass es keinen sicheren Ort gibt. Es kann überall passieren. Auf einem öffentlichen WC, in einer Geschäftspassage oder – wie in diesem Fall – sogar auf einem großen Weihnachtsmarkt.

| 08 | SITTENSTROLCH |

Für den grau melierten Richter, der eine dicke Brille trägt, ist der 48-jährige Kärntner ein alter Bekannter. Schon oft saß man sich im Gerichtssaal gegenüber, diskutierte über Tathergang, Wahrheit und Gerechtigkeit. Heute hockt der etwas ungepflegte Mann, der seit zwei Monaten in U-Haft sitzt, erneut auf der Anklagebank. Ungeniert schnäuzt er in sein zerknittertes, bereits völlig verbrauchtes Stofftaschentuch. Danach knüllt er es in seine abgenutzte Kordsamthose und selbst in der dritten Reihe ist zu riechen, dass er nicht besonders viel Wert auf Körperhygiene legt. Ist er auf freiem Fuß, investiert der Mann seine ganze Sozialhilfe in Bier und Schnaps. Geschlafen wird auf der Parkbank, gegessen wenig, geraucht hingegen so viel wie möglich. Auf dem Marktplatz bettelt er um Zigaretten, weggeworfene Kippen raucht er zu Ende.

Der Vorsitzende wartet geduldig, bis sich der Mann die Nase geputzt hat. Dann beginnt das übliche Prozedere. Alle kennen es bereits auswendig, das ermöglicht ein zügiges Verfahren. »Sooo, Herr G. Wie war das also mit dem siebenjährigen Mädchen?«, fragt der Richter. »Nix war. Was soll da gewesen sein?«, entgegnet der Befragte erzürnt. »Wir bleiben hier alle ganz ruhig. Ich stelle die Fragen und Sie antworten, und zwar höflich, ist das klar?«, klärt der Beamte im Talar zunächst die Rollenverteilung.

Heute geht es um einen Vorfall, der sich mitten im Stadtzentrum ereignete. Neben der Kirche gibt es eine öffentliche WC-Anlage. Ein siebenjähriges Mädchen war gerade auf dem Heimweg von der Schule, als sie ein Unbekannter packte, in die Herren-Toilette schleifte und sich vor den Augen des Kindes entblößte. Das Kind schrie, strampelte und konnte so entkommen. Exakt und zuverlässig identifizierte die Kleine später den Mann. Doch dieser beteuert noch immer, nicht das Geringste mit der Sache zu tun zu haben. »Aber ich weiß wer's war, Herr Rat«, sagt er verheißungsvoll. Der Senat wird neugierig. Um keinen Formfehler zu riskieren, lässt man den 16-fach Vorbestraften reden. Der

Angeklagte beschreibt den mutmaßlichen Täter bis ins kleinste Detail. Ein Zechbruder, der angeblich gerne ein Auge auf Kinder werfe. Der Prozess wird vertagt.

Wochen später wird das Verfahren fortgesetzt. Der Kumpel konnte zwar aufgrund der genauen Beschreibung rasch ausgeforscht werden, doch Fehlanzeige. Zur Tatzeit hielt er sich im Krankenhaus auf. Somit fällt der Verdacht wieder auf den Angeklagten.

Vor der Polizei und dem Untersuchungsrichter war Herr G. bereits geständig. »Wieso haben Sie alles zugegeben, wenn es nicht stimmt?«, will der Richter wissen. »Ich war doch sturzbetrunken. Ich habe mich so aufgeführt, dass mir die Polizei ein Bier nach dem anderen durch die Gitterstäbe reichte, nur damit ich ruhig bin«, erklärt der Angeklagte.

Er wurde schon einmal wegen sexuellen Missbrauchs verurteilt. Bei der Wahl seiner Tatorte hat sich der Sittenstrolch meist wenig Mühe gegeben, unentdeckt zu bleiben. In der Weihnachtszeit lockte er einmal ein Kind hinter die Krippe, die mitten auf dem bevölkerten Marktplatz aufgebaut war. Dort versuchte er, das Mädchen zu begrapschen. In jenem Fall hatte er allerdings Glück, sexuelle Handlungen konnten ihm keine nachgewiesen werden. Diesmal wird er sich seiner Verantwortung kaum entziehen können.

»Ach kommen Sie, die Geschichte mit dem Bier glaubt Ihnen doch kein Mensch«, versucht der Richter mit geduldiger Stimme eine weitere Vertagung zu vermeiden. »Ich verlange die Einvernahme der beiden Polizeibeamten als Beweis dafür, dass es sich damals genau so abgespielt hat, wie ich es hier schildere«, kontert Herr G. im Anwaltsjargon. »Na gut«, antwortet der Herr Rat. Er ist genervt. Aber der Beschuldigte bekommt schließlich seine zwei beantragten Zeugen. Die zwei Polizisten werden geladen.

Die dritte Runde in der Causa G. beginnt. Die Beamten werden einvernommen. Natürlich hat keiner dem Beschuldigten je Bier gereicht, keine einzige Flasche. Allein die Frage amüsiert die Geladenen. »Soo, haben wir jetzt alles? Oder ist Ihnen noch etwas eingefallen?«, fragt der Richter den Angeklagten abschließend. »Natürlich wird man einem Vorbestraften nicht glauben«, ärgert sich jener.

Ein weiterer Anklagepunkt wirft dem Kärntner Diebstahl vor. Zur Angelegenheit mit den Opferstöcken hat sich der Mann bekannt. Die Beute, die er in den diversen Kirchen geschickt mit einem Klebeband angelte, war bescheiden. »Die Leute geben ja heutzutage nichts mehr«, ärgert sich der Gauner über die mangelnde Spendenbereitschaft der Kirchgänger. »Jaja, was für eine schlechte Welt«, witzelt der Staatsanwalt, bevor er sein Schlussplädoyer beginnt. Allen ist klar, dass Herr G. ins Gefängnis wandert.

Das Kind wurde in einem sogenannten kindgerechten Verhandlungsraum befragt. Puppen sitzen hier artig auf einem Bänkchen. Eine ganze Familie. Mama, Papa und mehrere Kinder. Mithilfe dieser Puppen fällt es Kindern oft leichter, sexuelle Übergriffe spielerisch zu schildern.

Herr G. ist jedenfalls überführt. Dreieinhalb Jahre bekommt er diesmal. »Ich melde Nichtigkeitsbeschwerde und Berufung an«, zeigt sich der Alkoholiker empört. Mit der Strafprozessordnung scheint er bestens vertraut zu sein, aber die Strafen zeigen keinerlei Wirkung. Die Justizwachebeamten fordern den Verurteilten auf mitzukommen und er folgt ihrer Anweisung.

Rote Wurst für falsches Geld

Ob Schilling oder Euro, Falschgeld hat es immer gegeben. Somit stehen auch auf den Gerichtsplänen hin und wieder Verhandlungen wegen Weitergabe von Falschgeld.

Ein 73-jähriger Pensionist besuchte den Jahrmarkt. Er traf Bekannte, tauschte Neuigkeiten aus und gönnte sich eine »Rote«* und zwei »Weiß Sauer«. Als er seine Rechnung begleichen wollte, wies der Gastronom den Geldschein zurück. »Der 1000-Schilling-Schein war auffallend glatt. Außerdem stand klein gedruckt ›Muster‹ auf dem Blauen«, beschreibt der Kassierer die plumpe Fälschung während der Verhandlung. »Ich habe gesehen, dass der Kunde noch einen zweiten, echten Tausender in der Tasche hatte und sagte, er solle mir den anderen geben. Doch er blieb stur«, berichtet der junge Mann im Zeugenstand beinahe belustigt. Auch damals musste er herzhaft lachen, weil er den Zahlungsversuch für einen Scherz hielt. Wiederholt wies er den Pensionisten darauf hin, dass er nicht mit Spielgeld bezahlen könne. Doch der Alte gab nicht nach.

»Ich habe doch nicht gewusst, dass der Geldschein gefälscht war«, sagt er. Von wem er den Schein erhalten hat, weiß er angeblich nicht mehr. Irgendwann verlor der Kassierer die Geduld, ging zur Gendarmerie und erstattete Anzeige.

»Wenn die Fälschung so schlecht war, dass es jedem sofort auffiel, dann kann man mir doch nichts vorwerfen. Der Standbetreiber hat mein Geld sowieso nicht angenommen«, versucht er erneut sein Glück. Die Richterin erklärt ihm, dass selbst die Weitergabe von einseitig kopierten Geldscheinen strafrechtlich verfolgbar sei. Dass etwas so schlecht gefälscht ist, dass man es rechtlich als untauglichen Versuch gelten lässt, gibt es in der Praxis kaum: vielleicht ein selbst gemalter Geldschein, aber sonst bleibt nicht viel Spielraum für Straffreiheit.

Die Gelegenheit zu einem Schlusswort, das jedem Angeklagten vor der Urteilsbegründung zusteht, nutzt der Pensionist nicht. Mühsam erhebt er sich und vernimmt das Urteil. Es wird eine hohe Geldstrafe verhängt. Allerdings wird die Hälfte auf Bewährung ausgesprochen. Somit muss der Jahrmarktbesucher nur die Hälfte bezahlen. »Davon geht die Welt auch nicht unter«, kommentiert der Mann den Schuldspruch und wünscht allen noch einen schönen Tag.

Doch das letzte Wort ist noch nicht gesprochen. Das Urteil wird vom Oberlandesgericht aufgehoben und die Sache nochmals verhandelt. Im zweiten Durchgang trägt der Pensionist den Sieg davon. Er konnte die Justiz davon überzeugen, dass er wegen seiner dicken Brille die Fälschung nicht erkannte.

*»Rote« bezeichnet in Vorarlberg eine Bratwurst

Ali Baba und der Datenschutz

Es war wohl einer der am strengsten bewachten Prozesse am Landesgericht Feldkirch: Das Schwurgerichtsverfahren um den »Ali Baba«-Überfall im Jahr 1998. Die Räuber versetzten 30 Gäste eines türkischen Lokals in Dornbirn in Angst und Schrecken.

Es ist fünf Uhr morgens, als sechs vermummte Männer mit Pumpguns und Kalaschnikows das Lokal »Ali Baba« stürmen. Die Gäste müssen sich ausziehen und den Verbrechern alle Wertgegenstände aushändigen. Anschließend werden sie gefesselt und eingesperrt. Alles geht blitzschnell vonstatten. Danach verlässt die Bande fluchtartig das Lokal. Die Beute: rund 40.000,– Euro. Doch zwei Männer dieses Überfallkommandos können nicht genug kriegen. Auf dem Parkplatz vor dem Lokal werden sie auf zwei weitere Passanten aufmerksam und nehmen ihnen gewaltsam die Brieftaschen ab. Doch etwas haben die Verbrecher im Eifer des Gefechts vergessen – die Maskierung. Diese Nachlässigkeit wird ihnen schließlich zum Verhängnis. Sie werden geschnappt und wegen schweren Raubes vors Schwurgericht zitiert.

Die Sicherheitsvorkehrungen sind enorm. Zum einen befürchtet man, dass sich die Bandenmitglieder an den geständigen Komplizen rächen könnten. Zum anderen sind die zwei einzigen Augenzeugen in Gefahr. Außerdem werden die beiden Angeklagten laut Staatsanwaltschaft mit einem Terrornetz in Verbindung gebracht. Die mutmaßlichen Täter haben selbst angegeben, mit der PKK zu sympathisieren.

20 Sicherheitsleute, darunter auch Männer der Spezialeinheit Cobra, sind im Einsatz. Ein Spürhund beschnüffelt jedes noch so kleine Eck des streng bewachten Gerichtsgebäudes. Die Beamten sind angespannt, mustern aufmerksam jeden Zuschauer. Ausweise werden verlangt, die Daten überprüft und notiert. Alle Taschen werden durchsucht. Hinter mir in der Sicherheitsschleuse entsteht ein Stau, denn ich benötige zwei Beamten, die den Inhalt meiner Tasche sondieren. Ein Polizist allein hätte es vermutlich nicht geschafft, sich bis zum Boden meiner schwarzen Tasche durchzukämpfen. Nach der Mittagspause werden wieder alle Taschen durchsucht – außer meine.

Im Schwurgerichtssaal sitzen bereits unzählige türkische Verwandten der Angeklagten und Opfer. Der Vorsitzende betritt kurz den altehrwürdigen Raum und holt ein paar Unterlagen. Man hat den Richtern sogar kugelsichere Westen angeboten, die haben sie jedoch abgelehnt. Aufmerksam mustern die Anwesenden den Mann im schwarzen Talar, der in den Abendstunden das Urteil verkünden wird.

Die Strafsache wird aufgerufen. Zuhörer flüstern. Die meisten von ihnen sprechen nur türkisch und können den Prozessformalismen daher kaum folgen. Es folgt das Übliche: Der Staatsanwalt geht die Anklage im Eröffnungsplädoyer kurz durch, nachdem er die Geschworenen aufgefordert hat, gut zuzuhören. Die Verteidiger der beiden Beschuldigten, die mittlerweile auf der Anklagebank Platz genommen haben, betonen, dass es keinerlei aussagekräftigen Beweise gebe und ihre Mandanten unschuldig seien. Die beiden könnten keiner Fliege etwas zuleide tun.

Das Beweisverfahren nimmt seinen Lauf. Sämtliche Punkte, die die Männer türkischer Herkunft belasten, werden dargelegt. Die Kabelbinder, mit denen die Opfer gefesselt wurden, sind in der Wohnung des einen aufgefunden worden. Sichergestellt hat man auch Latexhandschuhe, wie sie beim Überfall verwendet wurden. Auch ein eigenartiger Knoten weist auf den Schuldigen hin. Die Rufdatenüberwachung hat auch wesentlich zur Überführung der Täter beigetragen. Doch dann kommt der wesentliche Beweis, der Prozessabschnitt, auf den alle mit Spannung gewartet haben.

Hereingeführt wird »Zeuge Eins«, wie er aus Datenschutzgründen genannt wird. Es ist der Mann vom Parkplatz. Jenes Opfer, dem die Pistole an die Schläfe gehalten wurde, während man ihm die Geldtasche abnahm. Um nicht erkannt zu werden, trägt er eine schwarze Perücke. Wegen des Haarvolumens passt auch die aufgesetzte Schildmütze nicht. Zudem verdeckt eine überdimensionale Sonnenbrille einen Großteil des Gesichts dieses wichtigen Zeugen. Zwei Polizeibeamten bewachen ihn zusätzlich. Die ganze Situation erinnert an einen Agentenfilm aus den Siebzigerjahren.

»Ich werde dieses Gesicht nie mehr vergessen«, ist sich der Zeuge auch heute sicher. Bereits zum zweiten Mal identifiziert er eindeutig den Täter. Das Gericht stellt noch ein paar Fragen, dann hat der Verteidiger des Angeklagten das Wort.

Der Anwalt legt den Kugelschreiber aus der Hand, rutscht mit

dem Stuhl ein Stück zurück und beginnt: »Ja, äh. Herr Rebner*.«
Im Saal herrscht plötzlich Totenstille. Was ist passiert? Warum in aller Welt hat der Verteidiger den Namen des so kunstvoll Verkleideten genannt? Der Verteidiger dürfte den Namen des Zeugen gar nicht kennen. Der Richter runzelt die Stirn, blickt den Anwalt irritiert an und fordert ihn auf, sich gefälligst an die Bezeichnung »Zeuge Eins« zu halten. Doch dafür ist es zu spät. Jeder weiß nun, wer sich hinter dem Hippieoutfit verbirgt. Ob er sich nur verplappert oder den Zeugenschutz bewusst missachtet hat, ist unklar.

Dem Zeugen ist bis heute nichts passiert. Den beiden Räubern schon. Sie sind für acht Jahre hinter Gitter gewandert. Inzwischen hat es eine Wiederaufnahme des Verfahrens gegeben. Doch am Schuldspruch ändert das nichts. Die beiden Räuber bleiben in Haft. Die anderen vier Komplizen sind immer noch auf freiem Fuß.

* Name geändert

Ausgeräuchert

Wieder einmal ist ein Schwurgericht angesetzt. Kein kleiner Raubüberfall, der es aufgrund der Zuständigkeitsvorschriften gerade vor die Geschworenen geschafft hat. Nein, »Mordversuch« steht auf der Liste. Über den Fall ist nicht viel in der Öffentlichkeit berichtet worden. Die Auseinandersetzung spielte sich in den privaten vier Wänden ab, und glücklicherweise ist das Opfer mit geringen Verletzungen davongekommen.

Zwei Wachebeamten führen eine schlanke, farbenfroh geschminkte Frau mittleren Alters in den Saal. Sie macht einen lebhaften Eindruck, spricht schnell und aufgeregt, und scheint guter Dinge zu sein. Die brünette Kellnerin aus Kärnten ist sehr geschäftig, obwohl es momentan nicht viel zu tun gibt. Fröhlich winkt sie ihrem Verteidiger zu, als hätte sie ihn gerade in der Badeanstalt getroffen. Auch er wirkt – wie gewohnt – recht zuversichtlich.

Die Strafsache wird aufgerufen, Kameraleute und Fotografen werden aufgefordert, das Filmen und Fotografieren einzustellen. Jetzt wird es ernst. Sogar die Miene der Angeklagten verdüstert sich. Sie habe ihren wesentlich jüngeren Freund, einen Techniker, aus Eifersucht eingesperrt, mit einem Messer verletzt und umzubringen versucht, trägt der junge Staatsanwalt in seinem Eröffnungsplädoyer vor. Keiner im Saal traut der Frau einen Mord zu. Nach Aufnahme der Personalien schildert sie selbst den Tathergang, die Hintergründe, ihr Motiv und ihre Absichten.

Bereits zu Beginn zeigt die Männern nicht abgeneigte Frau Schauspielerqualitäten. Gekonnt wirft sie ihr halblanges, braunes Haar nach hinten, als wäre es eine Löwenmähne. Sie schluchzt und verschmiert dabei die Wimperntusche. Doch sie fasst sich schnell wieder und berichtet ausführlich, welch schrecklicher Mensch ihr Geliebter sei. Obwohl sie sich ständig um ihn bemühe. Aber gerade diese übertriebene Fürsorglichkeit konnte ihr Freund schließlich nicht mehr ertragen. Der Techniker, der ein bisschen an George Clooney erinnert, war es leid, immer Rechenschaft ablegen zu müssen. Schließlich eskalierte der Streit.

Als er eines Abends müde nach Hause kam, stand wieder einmal das Thema »Eifersucht« auf der Tagesordnung. Sie redete unaufhörlich auf ihn ein, während er sein Handy suchte. Zu seiner

Überraschung fehlte die SIM-Karte. »Die kriegst du nicht mehr«, triumphierte die Kellnerin. Der Mann wurde sauer. Er wollte die gemeinsame Wohnung verlassen, doch die Tür war abgeschlossen und der Schlüssel unauffindbar. Hektisch begann er zu suchen, doch ohne Erfolg. Um ungestört zu sein, ging er aufs Klo und schloss die Tür ab. Doch die Kellnerin zündete Zeitungspapier an, schob es vor die Tür und wartete ab, was passieren würde. Der dichte Qualm drang durch den Türspalt und ihr Geliebter begann zu husten. Schließlich zog er die Anwesenheit seiner Freundin einer Rauchgasvergiftung vor und verließ seinen Zufluchtsort.

Als er versuchte, aus der Wohnung zu flüchten, attackierte ihn seine Freundin mit einem Messer und fügte ihm Schnittwunden am Hals zu. »Ich war zwar gemein zu ihm, wollte ihn aber nicht umbringen«, sagt sie aus.

Das glaubt schlussendlich auch das Schwurgericht, und eine Verurteilung wegen versuchten Mordes ist somit vom Tisch. Es bleibt bei schwerer Körperverletzung. Der Schnitt am Hals führte nur knapp an der Halsschlagader vorbei. Der Mann hatte Glück. Doch der Verteidiger versucht nun, das Opfer zum Täter zu machen. Geschickt spinnt er ein Netz aus Fangfragen, in dem sich der nichts ahnende Mann, der so viel durchgemacht hat, verfangen soll.

»Trinken Sie ab und zu Bier?«, lautet die erste Frage. »Ja«, antwortet der Zeuge ehrlich. Es folgen detaillierte Nachfragen bezüglich Tages-, Wochen- und Monatskonsum. Als der Anwalt endlich bei der Größeneinheit »Kiste« angelangt ist, schielt er erwartungsvoll zu den Laienrichtern und meint: »Ein beträchtlicher Alkoholkonsum.«

Das Opfer ist ein sportlicher, kräftiger Mann, die Angeklagte hingegen zierlich. Der Verteidiger zielt genau auf dieses ungleiche Kräfteverhältnis ab: »Meiner Ansicht nach hätten Sie sich wesentlich besser verteidigen können«. Dann spielt der Anwalt auf den Psychopharmaka-Konsum des Opfers an. Er will wissen, ob der Techniker mitunter auch zornig und aggressiv werde. Der Mann antwortet wieder offen und bejaht dies. »Wissen Sie, was wir in Ihrem Badezimmerschrank gefunden haben? Eine Packung ›Nervenruh‹«, verkündet der Anwalt. Als dem niemand große Beachtung schenkt, führt der Rechtsvertreter seine bescheidenen

Recherchen zu diesem Präparat aus. Es sei apothekenpflichtig und helfe bei Stimmungsschwankungen und Unruhezuständen. Obwohl dieses Medikament nicht einmal rezeptpflichtig ist und überwiegend aus Baldrian besteht, zeichnet sich bei den Geschworenen ein Gesichtsausdruck ab, als hätten sie es mit einem Psychopathen zu tun.

Abschließend sprechen die acht zur Rechtssprechung Berufenen die Kärntnerin mit dem schauspielerischen Talent vom Mordversuch frei. Da nützt auch das verständnislose Kopfschütteln des Staatsanwalts nichts. Ein attraktiver und rhetorisch geschulter Verteidiger wirkt manchmal eben wahre Wunder.

Wegen schwerer Körperverletzung wird die Frau vom Schwurgericht zu zwölf Monaten, vier davon unbedingt, verurteilt. Da sie diese bereits in U-Haft abgesessen hat, verlässt sie den Verhandlungssaal als freie Frau. »Ich bin frei! Ich bin frei!«, jubelt sie im Innenhof des Gefängnisses. Singend verabschiedet sie sich auch vom Portier. Und noch einer verschwindet so schnell er kann. Ihr Opfer eilt schnellen Schrittes zu seinem PKW, steigt ein und fährt davon, ehe ihn seine »alte Liebe« einholt.

Cannabis und Currywurst

Verstöße gegen das Suchtmittelgesetz sind für Laien selten spannend. Doch vereinzelt beweisen Kiffer und Junkies auch großen Einfallsreichtum. Hier einige Beispiele.

Mit logistischem Talent beeindruckte 2001 ein Dealer aus Dornbirn den Drogensenat. Ursprünglich baute der 52-Jährige die Hanfpflanzen nur für den Eigenbedarf an. Nach 36 Jahren musste er von einem Tag auf den anderen mit dem Rauchen aufhören, seine Lungen sind stark in Mitleidenschaft gezogen worden und auch sonst ging es ihm gesundheitlich schlecht. Da versuchte er es mit Cannabis und verspürte eine deutliche Linderung seiner Schmerzen. Anfangs in Kübeln auf der Dachterrasse kultiviert, entwickelte sich seine kleine Hausplantage zu einer richtigen Produktionsanlage. Die Qualität war anfangs miserabel, die Pflanzen nicht einmal für Tee zu gebrauchen. Nach eingehender Lektüre der einschlägigen Fachliteratur konnte er sich über eine beachtliche Ernte freuen.

Der Mann, der eine Imbissbude betrieb, war hoch verschuldet. Da kam ihm die rettende Idee, neben Currywurst, Hamburgern und Pommes auch ein wenig Marihuana zu verkaufen. Es hatte sich ohnehin längst herumgesprochen, dass er nicht nur Würste braten und Pommes frittieren kann. Doch als der Drogenhandel an der Wurstbude gerade so richtig in Schwung kam, stoppte eine Hausdurchsuchung den Verkauf. Abnehmer hatten den Hobby-Dealer verraten. Sieben Kilo des Krautes wurden in der Wohnung sichergestellt. Der Standbesitzer kam mit einer bedingten Haftstrafe davon. Die Geldstrafe in Höhe von 11.000,– Euro musste der Hochverschuldete aber bezahlen.

Nach Erscheinen des Gerichtsartikels rief ein sehr hilfsbereiter Zeitungsleser in der Redaktion an. Er hatte Mitleid mit jenem, der wegen seines Asthmas kaum mehr an der Fritteuse arbeiten konnte und zudem eine hohe Geldstrafe erhielt. Ich ließ ihm nach vorheriger Rücksprache mit dem Verteidiger die Adresse des Verurteilten zukommen. Wie ich später erfuhr, half der großzügige Unbekannte dem Mann, dessen finanzielle Sorgen zu mindern.

Mogelpackung

Ein Dieb entwendet meist etwas, ohne dafür zu bezahlen. Doch manche Diebe zahlen auch. Allerdings nicht den vollen Preis.

Riccardo S. ist Italiener. Er arbeitet in der Schweiz und verdient so viel, dass Richter, Staatsanwalt und Anwalt vor Neid erblassen. 4.000,– Euro netto im Monat. Trotzdem betätigte sich der Vater eines dreijährigen Mädchens auf seiner Einkaufstour durch einen Baumarkt als Langfinger. Riccardo hat zweifelsohne das Zeug zum Frauenschwarm. Groß, dunkler Typ, schwarze Augen. Der 32-Jährige hat – wie könnte es anders sein – ebenholzschwarze Locken, die er heute mit Gel gebändigt und ordentlich nach hinten gekämmt hat.

Riccardo unterhält sich mit seinem Anwalt. Sein Deutsch ist gut. Seine italienische Herkunft ist jedoch nicht zu verbergen. Auf den ersten Blick würde man den Großverdiener wohl kaum für einen Dieb halten. Dennoch, geklaut ist geklaut. Und das gibt Riccardo auch bereitwillig zu.

Der Italiener braucht keinen Übersetzer, und so richtet der Richter seine Fragen direkt an ihn. »Warum stiehlt ein Mann wie Sie? Sie verdienen doch genug«, fragt der Vorsitzende. »Ich schäme mich dafür«, gesteht der junge Mann und blickt beschämt auf den Boden. »Es war nicht richtig.«

Richtig war es sicher nicht, doch sein Trick war ausgeklügelt. Mit einem Einkaufswagen marschierte der Mann durch den Baumarkt. Als er allein mit seiner kleinen Tochter zwischen Kloschüsseln, Armaturen und Seifenhaltern war, griff er in eines der Regale, packte einen Spiegelschrank aus und lud zunächst nur den leeren Karton in seinen Wagen. Dann schob er den Einkaufswagen Richtung Bohrmaschinen. Wieder wartete der Mann, bis er alleine war, dann lud er hastig eine Stichsäge, eine Bohrmaschine und andere Geräte, die das Herz eines jeden Heimwerkers höher schlagen lassen, in die Verpackung.

Zielstrebig marschierte der junge Vater nun zur Kassa, legte den Spiegelschrankkarton aufs Fließband, und die Kassiererin scannte den Strichcode. »37,90 Euro bitte«, verkündete die Kassiererin dem Kunden die Endsumme. Ein ›fairer‹ Preis für eine Bohrmaschine, eine Flex, eine Stichsäge sowie weiteres Zubehör.

| 13 | AUSGETRICKST |

Der Mann lud das schwere Paket wieder in den Einkaufswagen, wünschte noch einen schönen Tag und begab sich zum Auto.

Dort stellte er den Karton zunächst in den Kofferraum, um das Diebesgut ungestört auspacken zu können.

Wäre Riccardo sofort heimgefahren, hätte bis zur Inventur niemand etwas bemerkt. Doch der Gauner konnte nicht genug kriegen. Er kehrte ins Geschäft zurück, um die gleiche Praktik nochmals anzuwenden. Doch dieses Mal ging sein Plan nicht auf. Eine Überwachungskamera zeichnete seine Umpackaktionen auf, und ein Ladendetektiv schnappte sich den Ganoven und stellte ihn zur Rede. Riccardo versuchte sich herauszureden, gab schlussendlich auf und gestand.

Da der Preis der Beute über 4.000,- Euro betrug, handelt es sich um schweren Diebstahl. Weil sich der Südländer bislang strafrechtlich noch nie etwas zu Schulden kommen lassen hat, belässt es das Gericht bei einer Geldstrafe von 8.000,- Euro auf Bewährung. »Muss ich nichts bezahlen?«, vergewissert sich der Italiener. »Ich wohne in der Schweiz, und dort gibt es keine Geldstrafen auf Bewährung. Bei uns muss man Geldstrafen immer bezahlen.« Der Italiener kommt aus dem Staunen nicht mehr heraus. »Bei uns muss man immer an der Kassa bezahlen. Und zwar alles, was man aus den Regalen genommen hat«, weist der Staatsanwalt den Verurteilten zurecht. »Ja, ja – habe verstanden. Danke für das Urteil«, murmelt Riccardo und verlässt schnellstmöglich den Saal.

Auch Liebe muss versteuert werden

Mancherorts in Österreich ist Prostitution verboten. Doch verdient man im horizontalen Gewerbe sein Einkommen, will Vater Staat mit von der Partie sein. Wie jeder andere Arbeiter und Angestellte sind auch Liebesdienerinnen steuerpflichtig. Doch diese Pflicht nehmen die Damen meist nicht so ernst.

Erika macht einen müden Eindruck. Die letzten drei Monate verbrachte sie in Untersuchungshaft, heute ist sie froh, dass endlich ihre Hauptverhandlung stattfindet. Zögerlich betritt die Frau mit dem gefärbten Haar den Saal. Sie wird von zwei Justizwachebeamtinnen bewacht. Freundlich begleiten sie die Angeklagte zu ihrem Platz. Das Funkgerät einer Begleiterin rauscht. »Entschuldigung«, sagt sie leise und schaltet das Gerät aus. Die Dame in Uniform ist rot geworden. »Macht nichts«, versichert ihr der Richter.

Die Verhandlung beginnt. »Erika P., geborene Mateschitz, geboren 1960 in Bruneck, Österreicherin«, leiert der Vorsitzende routinemäßig herunter. »Beruf?«, fragt er abschließend. »Jetzt Hausfrau«, antwortet die Beschuldigte.

Erika erzählt, wie sie elf Jahre lang die geheimsten Wünsche unzähliger Freier befriedigt habe. Natürlich geht es nicht um pikante Details, sondern nur um die geschätzte Häufigkeit, den Preis sowie den Nettoerlös. Erika war bei den Freiern sehr gefragt. Sie war umgänglich und verständnisvoll, gleichzeitig sexy und bewies Geschmack und Stil. Das Finanzamt hat die Richtigkeit der Angaben bereits stichprobenweise nachgeprüft. Dessen Vertreter sitzt ziemlich gelangweilt neben dem Staatsanwalt. Ein dicker, ebenfalls grauer Ordner mit Zahlen und Tabellen liegt vor dem Beamten, daneben ein Kugelschreiber, ein Taschenrechner und ein langes Lineal. Der Finanzbeamte schiebt seine Lesebrille etwas nach unten und legt peinlich genau das Lineal unter eine Zahlenreihe.

Da bereits die Zahlen auf dem Tisch liegen, kommt es zu keinen delikaten Zeugenaussagen. Keine Ehemänner, die angeben müssen, wie oft sie bei Erika waren. Keine verklemmten Freier, die aussagen müssen, wie viel sie für irgendwelche Sonderwünsche bezahlt haben. Schade. Als Gerichtsreporter wünscht man sich so etwas.

Nun ist der Beamte an der Reihe. Er verweist auf seine schriftlichen Unterlagen im Akt und bestätigt nochmals mündlich, dass die akribischen Berechnungen der Steuerprüfer eine Steuerschuld von 270.000,- Euro ergäben. Also rund 24.000,- Euro Steuerverpflichtung pro Jahr. Das lässt auf ein hohes Einkommen schließen.

Von dem ersparten Geld ist allerdings nicht viel übrig geblieben. Ein Sparbuch mit 6.000,- Euro wurde bereits beschlagnahmt, der Rest ist längst ausgegeben worden. Bedenkt man, dass auch der Lebensgefährte der Liebesdienerin von dem Geld lebte, ist das nicht verwunderlich. Den Winter verbrachten die beiden in Thailand oder auf Gran Canaria.

Geschnappt wurde die Dame aufgrund der auffallend häufig geschalteten Zeitungsinserate. »Ölmassage bei Erika«, »Französischlehrerin im besten Alter erteilt Nachhilfe« und andere mehr oder weniger raffinierte Annoncen brachten die Fahnder auf die Spur der Prostituierten.

Prostitution ist in Vorarlberg zwar außerhalb von Etablissements, die es wiederum nicht gibt, verboten. Doch wer auf den Strich geht, muss Steuern zahlen. Schließlich stinkt Geld bekanntermaßen nicht. »Ich hab keine Ahnung, wie ich diese Schulden abstottern soll!«, sagt die Angeklagte verzweifelt. Ihr Freund, den sie jahrelang finanziell unterstützte, ist natürlich längst über alle Berge. Mit seiner Unterstützung kann Erika nicht rechnen. »Man wird eine Ratenlösung finden«, zeigt sich jetzt selbst der blasse Finanzbeamte kompromissbereit. Doch gleich rückt er wieder die Brille zurecht und ist jener pflichtbewusste Beamte, der er laut Vorschrift zu sein hat.

Das Beweisverfahren ist abgeschlossen, und der Richter weiß längst, dass er aufgrund des langen Tatzeitraums von elf Jahren nicht umhinkommt, eine hohe Strafe zu verhängen. »Bitte erheben Sie sich«, fordert der Richter die Anwesenden auf. »Im Namen der Republik, die Angeklagte Erika P. ist schuldig der Steuerhinterziehung und wird hierfür zu einer Geldstrafe von 120.000,- Euro verurteilt. Die Hälfte der Strafe wird bedingt nachgesehen«, verkündet der Beamte im Talar den Urteilsspruch. Erika scheint das alles nicht so recht verstanden zu haben.
So erklärt ihr der Richter den Inhalt des Urteils. 120.000,- Euro beträgt die gesamte Geldstrafe. Davon werden 60.000,- auf

Bewährung ausgesprochen. Diese müssen nur dann bezahlt werden, wenn Erika sich nochmals etwas zu Schulden kommen lässt. Die unbedingte Strafe von 60.000,- Euro hat Erika dadurch indirekt bezahlt, dass sie drei Monate in U-Haft gesessen hat. Somit ist die Verurteilte trotz Schuldspruch frei. Was bleibt, sind die horrenden Steuerschulden.

 Erika weiß im ersten Moment nicht viel mit der neu gewonnenen Freiheit anzufangen. Unbeholfen schlurft sie in ihren Pantoffeln den Gang hinunter Richtung Justizanstalt. Sie erhält die Entlassungspapiere und ihre wenigen Habseligkeiten, die sie bei der Inhaftierung bei sich hatte. Auch sie zählt zu jenen, die mit Plastiktüten und viel Unsicherheit das Gefängnis verlassen, um einen Neuanfang zu wagen.

Schnitzel, Kalbsbrust, Lungenbraten

Vertrauen ist gut, Kassenkontrollen sind besser. Diese Erfahrung haben schon etliche Arbeitgeber gemacht. Ständig beschäftigen irgendwelche Kassierer, Lageristen und Verkäufer mit manipulierten Abrechnungen die Justiz. So auch eine 49-jährige Metzgereiangestellte.

| 15 | KONTROLLE |

Verlegen betritt Gertrud S. den Verhandlungssaal. Offensichtlich steht sie zum ersten Mal vor Gericht. Sie trägt ein elegantes, blaues Kostüm und eine seidig schimmernde Bluse. Die Angeklagte nimmt auf dem ihr zugewiesenen Stuhl Platz. Vorsichtig stellt sie ihre Handtasche auf den Parkettboden und schlägt die Beine übereinander. Man sieht, dass ihr bisheriger Job ein gepflegtes Äußeres verlangt hat. Auch die Hände der Verkäuferin sind sehr gepflegt, und man kann sich gut vorstellen, wie sie mit diesen Händen behutsam Parmaschinken aufschneidet oder Leberwurst aus der Vitrine reicht.

Mit genau diesen Händen hat sie aber auch in die Kassa gegriffen und Geld entwendet. Immer wieder. Kleinere und größere Beträge. Dabei war Gertrud S. ihrem Arbeitgeber gegenüber ansonsten immer korrekt, freundlich und zuvorkommend gewesen. War jemand krank, sprang sie ein, als wäre dies eine Selbstverständlichkeit. War ein Bankett vorzubereiten, war Gertrud S. stets zu Diensten. Man war mit ihr zufrieden, und sie wurde gut bezahlt.

Doch irgendwann bemerkte sie, dass man Schnitzel, Lungenbraten, Filets, Koteletts und Würste verkaufen konnte, ohne den eingenommenen Betrag in die Kasse zu legen. Man musste nur die Taste »kein Verkauf« drücken, und schon konnte man zwischen zehn und 100,– Euro täglich dazuverdienen. Drei Jahre lang funktionierte der Trick, mit dem die Betrügerin 55.000,– Euro anhäufte.

»Was haben Sie mit dem ganzen Geld gemacht? Da muss ja noch etwas übrig sein?«, fragt der Richter die heulende Angeklagte. »Ich habe Sachen bestellt, die ich gar nicht brauchte, habe auf Teufel komm raus eingekauft. Es ist nichts mehr da«, schluchzt die Blondine. »Es war wie im Film, als wäre die, die geklaut hat, gar nicht ich gewesen«, stammelt Gertrud S. und ergänzt: »Ein bisschen etwas habe ich schon zurückgezahlt.« Immerhin fast die Hälfte des gestohlenen Betrags. Den Rest will sie in den folgenden Monaten zurückzahlen. Eine neue Anstellung hat sie bereits. Um die bangt sie jetzt, denn ihr Arbeitgeber weiß nichts von ihren Übeltaten. Er ist mit ihrer Arbeitsleistung sehr zufrieden.

Wegen Veruntreuung erhält die Reumütige, die sich bis zu diesem Zeitpunkt noch nie etwas zu Schulden hat kommen lassen, eine 18-monatige bedingte Freiheitsstrafe.

Der mörderische Schlauch

Ein Mensch wurde ermordet. Hinterlistig und kaltblütig. Doch die Strategie der Verteidigung ist an Kuriosität kaum zu überbieten und regt zum Schmunzeln an.

2001 wurde in Amsterdam ein 59-jähriger Mann in seinem Haus ermordet. Niedergeschlagen, erwürgt, in Folie eingewickelt und in einen Kanal geworfen. Die Leiche fand man zwei Monate nach dem Mord. Eine Deutsche und ein Vorarlberger waren für den Tod des Mannes verantwortlich.

Erna K. ging auf den Strich und war schwer drogenabhängig. Sie lernte ihr späteres Opfer, den Holländer Jan S., am Hauptbahnhof von Amsterdam kennen. Die 36-Jährige wohnte bei ihm. Der Frühpensionist war ihr ehemaliger Freier. Eines Tages war sie seiner überdrüssig und schmiedete mit dem Vorarlberger Kellner Markus D. ein Komplott. Auch dieser zog bei Jan S. ein und lieh sich von ihm eine beträchtliche Geldsumme. Da der hilfsbereite Holländer vermögend zu sein schien, beschloss das Paar, gemeinsame Sache zu machen und Jan S. zu töten.

Nachdem Erna K. in Spanien gefasst und in Deutschland zu 16 Jahren Haft verurteilt wurde, steht nun auch ihr Komplize vor Gericht. Die Anklage wirft ihm Beihilfe zum Mord vor. Immerhin hatte man am Tatort, dem Schlafzimmer von Jan S., einen Notizzettel gefunden, auf dem die Drahtzieherin Anweisungen für ihren Komplizen notiert hatte. Markus D. war bestens über den mörderischen Plan, das Vorgehen und die Flucht informiert. Dennoch stellt er während des Verfahrens dreist seine Beteiligung als »Versehen« dar. Von seinem Verteidiger bestärkt schildert der mutmaßliche Mörder eine abenteuerliche Tatversion.

Die Tat soll sich folgendermaßen zugetragen haben: Erna K. habe mit einem Stellschlüssel, besser bekannt unter dem Namen »Franzose«, auf das schlaftrunkene Opfer eingeschlagen. Dann sei Markus D. hinzugekommen und habe gesehen, wie sie einen Gartenschlauch um die Kehle des Wehrlosen geschlungen habe. »Markus D. hat versucht, den Schlauch zu lösen, um das Opfer aus der tödlichen Schlinge zu befreien«, versucht der Verteidiger die Laienrichter zu überzeugen. Seine Stimme hallt im Schwurgerichtssaal wider.

Doch der Angeklagte habe seine Hände dermaßen in dem Schlauch der Mörderin verstrickt, dass es ihm unmöglich gewesen sei, die Tat zu verhindern. Seine Hände seien unfreiwillig hineingezogen worden – wie in ein Mahlwerk. Als er sich endlich befreit habe, sei das Opfer tot, jede Hilfe zu spät, der Angeklagte verängstigt und erschüttert gewesen.

Es gibt viele Möglichkeiten, Mörder, Räuber und Vergewaltiger zu verteidigen, doch dieses Schlussplädoyer des Verteidigers werde ich nie vergessen. Eine gewisse rhetorische Begabung haben die meisten Anwälte. Doch in diesem Fall kommt der Anwalt trotz größter Anstrengung mit seiner Argumentation nicht durch. Die Laienrichter glauben seine Version des Tathergangs nicht. Sie verurteilen den Vorarlberger wegen Beihilfe zum Mord in erster Instanz zu einer Freiheitsstrafe von 18 Jahren. Daran ändert auch der Auftritt der neuen Freundin des Mörders nichts. Die junge Frau ist wohl die Einzige, welche die unglaubwürdige Version des Verteidigers glaubt. »Ich bin mir ganz sicher, dass er nur zur falschen Zeit am falschen Ort war«, sagt sie. »Er ist liebenswert und charakterstark. Ich werde zu ihm halten und wir werden heiraten.«

Sonne, Sand und Kokain

Klaus hat sich mit Frauenbekanntschaften schon immer schwer getan. Deshalb suchte der 50-jährige Alleinstehende gerne Nachtlokale auf, wo Männern der Kontakt zu Frauen erleichtert wird. Als sich einmal eine wohlgeformte Tänzerin für ihn interessierte, war es um den Feldkircher Techniker geschehen. Klaus war zu allem bereit.

17 | TABLE DANCE

Es war die Art, wie die Afrikanerin Nicole ihre Hüften schwang, wie sie lächelte, wie sie sich zu den heißen Rhythmen der Musik in der Table-Dance-Bar bewegte. Die zierliche Frau punktete bei den Besuchern mit ihren langen, krausen Haaren und der dunklen Hautfarbe.

Der Duft ihres Parfums liegt auch heute schwer in der Luft. Es hüllt sogar Richter und Staatsanwalt ein, die immerhin einige Meter von der Anklagebank entfernt sitzen. Doch als Routiniers lassen sie sich nicht ablenken.

Nicole weiß, dass sie heute nicht mit einer Geld- oder Bewährungsstrafe davonkommen wird. Klaus sitzt als Zeuge draußen auf einer Bank und wartet, bis er aufgerufen wird. Dass ihn Nicole niemals geliebt, sondern seine kindliche Naivität schamlos ausgenutzt hat, weiß Klaus inzwischen. Jetzt steht er wieder ohne Freundin da. Allein, ohne Zärtlichkeit, ohne Zuneigung. Das alles scheint dem sportlichen Mann durch den Kopf zu gehen. Er kaut nervös an seinen Fingernägeln. Dass er gleich aussagen muss, wie er auf die Prostituierte hereingefallen ist, scheint ihm peinlich zu sein. Doch als Staatsbürger ist es seine Pflicht, als Zeuge auszusagen.

»Ja, das tut mir fürchterlich leid«, heult Nicole schon gleich zu Beginn los. Hilfsbereit reicht ihr der Anwalt ein Papiertaschentuch. »Bekennen Sie sich schuldig?«, fragt der Richter unbeirrt. »Ja«, schluchzt die Angeklagte. Der junge Staatsanwalt wirkt genervt. Der Richter fordert Nicole auf zu erzählen, was sich damals ereignet hat.

»Klaus kam öfter in unser Lokal. Er war nett, und wir verstanden uns gut«, erzählt die Frau, die sich mittlerweile wieder gefasst hat. Zu Beginn ihrer Anstellung habe das Geschäft floriert und sie gut verdient. Die Männer konnten sich an den beweglichen, knapp bekleideten Damen nicht satt sehen. Doch dann blieben die Besucher aus, und das Lokal konnte Nicole nur mehr stundenweise beschäftigen. Da bekam Nicole ein attraktives Angebot. Sie sollte drei Kilo Kokain aus Brasilien ins Land schmuggeln. Das schien zunächst ein unmögliches Unterfangen zu sein. Doch dann fiel ihr Klaus ein. Scheinheilig pirschte sie sich an den ahnungslosen Mann heran. Dieser schwebte im siebten Himmel. Ihn, den Schüchternen, fragte die feurige Afrikanerin, ob er mit ihr nach Rio de Janeiro auf Urlaub fliegen wolle. Und ob er wollte. Sie buchte den Flug und der Urlaub konnte beginnen. Der Feldkircher genoss die Sonne, den Strand und die liebevolle Zuwendung seiner vermeintlichen Freundin.

Nach 14 Tagen war der schönste Urlaub seines Lebens zu Ende. Nicole klopfte sacht an die Tür ihres ahnungslosen Begleiters und bot ihm an, beim Packen seiner Koffer zu helfen. Zum ersten Mal in seinem Leben war Klaus glücklich verliebt. Und zwar in eine Schönheit, bei der jeder Mann schwach werden würde.

Behutsam packte Nicole die Kleidungsstücke in den Koffer. Zwischen Klaus' Souvenirs und persönlichen Dingen versteckte sie in Plastiksäckchen abgepacktes Kokain. Da der dunkle Rucksack bereits auf dem Hinflug ziemlich schwer war und Nicole sich geschickt angestellt hatte, fielen die drei Kilo Rauschgift nicht auf.

Die Frau hatte alles eiskalt geplant. Wäre der Schmuggel aufgeflogen, hätte man Klaus sofort verhaftet. »Ich habe mich gewundert, dass wir auf dem Rückflug so weit auseinander saßen«, erinnert sich Klaus im Zeugenstand. Natürlich ist heute selbst ihm klar, was der Grund dafür war. »Sie hat mich nur ausgenutzt.« Klaus ist den Tränen nahe. Der Anklagevertreter runzelt die Stirn und nickt verständnisvoll. Während Nicole ganz hinten im Flugzeug ihren Heimflug genoss, schmuggelte Klaus Kokain im Wert von mehreren Tausend Euro nach Vorarlberg.

Alles lief nach Plan und die illegale Substanz im Handgepäck blieb unentdeckt. Zuhause angelangt bestand Nicole darauf, den Rucksack ihres Freunds auszupacken. Als sie schließlich im Besitz der Drogen war, verabschiedete sie sich plötzlich und ließ nichts mehr von sich hören. Nicole war auch nicht mehr erreichbar – sie ging nicht ans Telefon, hatte in der Bar gekündigt und war umgezogen. Die Frau war wie vom Erdboden verschluckt.

Klaus verstand die Welt nicht mehr. Als er Nicole eines Tages ganz unverhofft traf, fiel ihre Erklärung recht spärlich aus: »Tut mir leid, wir passen einfach nicht zusammen«, meinte sie schroff. Klaus war enttäuscht und traurig zugleich. Doch er musste ihre Entscheidung akzeptieren.

Ein paar Monate später holte ihn die Vergangenheit ein. Nicole war in Zürich auf der Straße beim Verkauf von 260 Gramm Kokain geschnappt worden. Da gestand die Dealerin alles.

»Wissen Sie eigentlich, in welch gefährliche Situation sie den Mann gebracht haben?«, fragt der Richter und rückt dabei seine Brille zurecht. »Niemand hätte ihm geglaubt und er wäre in irgendeinem Gefängnis verschwunden.« Alle scheinen sich in diesem Augenblick lebhaft vorzustellen, wie das weiße Pulver in Klaus' Handgepäck entdeckt und er anschließend von schwer bewaffnetem Sicherheitspersonal abgeführt wird. Wie er verzweifelt zu erklären versucht, was er selbst nicht versteht. Klaus hatte Riesenglück.

Trotz bisheriger Unbescholtenheit wird Nicole zu viereinhalb Jahren Haft verurteilt, wobei ihr Geständnis sowie ihre Kooperationsbereitschaft mildernd berücksichtigt werden. Wieder heult sie, doch diesmal sind die Tränen echt. Klaus hat Mitleid. Denn er weiß, dass ein Teil des Geldes in ihre Heimat geflossen ist, um dort ihre Familie zu versorgen. In der Hoffnung, die ganze Angelegenheit möglichst schnell zu vergessen, verlässt er den Gerichtssaal.

Unverbesserlicher Höschendieb

In der Justizanstalt ist der 52-jährige Gery bereits Stammgast. 20 Vorstrafen hat der schmächtige Feldkircher mit Pferdeschwanz und vernarbtem Gesicht bereits, doch immer wieder lässt er sich zu Einbrüchen, Diebstählen und anderen Straftaten hinreißen.

»Sie wurden vor gar nicht allzu langer Zeit zu 18 Monaten Haft verurteilt, und jetzt sitzen Sie schon wieder hier!«, schimpft der Richter mit dem Dauerdelinquenten.

Als der Mann mit einer gestohlenen Bankomatkarte Geld abheben wollte, wurde er gefilmt und geschnappt. Obwohl die Überwachungskamera alles genauestens festgehalten hat, hat Gery bis zur Hauptverhandlung sämtliche Vorwürfe abgestritten. Heute ist er geständig.

Die Sache mit der Damenunterwäsche ist ihm sichtlich peinlich. Marschieren doch nun sämtliche Hausfrauen auf, die ihn zwischen Höschen, Hemdchen und BHs im Wäschekeller auf frischer Tat ertappten. Geduldig wartete er, bis frische Wäsche an der Leine hing, schlich in die Keller und ließ das ein oder andere Stück mitgehen.

| 18 | DIEBSTAHL |

Unverblümt berichten die als Zeugen geladenen Frauen, welche Wäschestücke sie aufgehängt und anschließend vermisst haben. »Wozu haben Sie die Damenunterwäsche denn benötigt?«, will der Richter wissen. Das war wohl eine rhetorische Frage, denn jeder im Saal kann sich vorstellen, wozu der alleinstehende Mann diese erotischen Stücke sammelt.

Wegen Diebstahls wird der Höschendieb zu zwei Jahren Haft verurteilt. Im Gefängnis wird er seinen Sohn wiedersehen, der in die Fußstapfen seines Vaters tritt und in der Justizanstalt bereits eine Dauerzelle hat.

Während seiner Haftzeit durfte Gery im Landesgericht als Hausarbeiter bestimmte Dienste verrichten. Als er kurz vor seiner Entlassung stand, ließ man ihn – um ihn auf das Leben in Freiheit vorzubereiten – Rasen mähen, Papierkörbe leeren und Handtücher wechseln. Auch alte Akten, die vor ihrer Vernichtung im Keller des altehrwürdigen Gebäudes zwischengelagert wurden, schleppte der Häftling die vielen Stiegen hinunter.

Gery war am Gericht allseits bekannt. Er grüßte immer freundlich, man plauderte ein wenig über das Wetter oder andere belanglose Themen. Doch plötzlich stand er wieder vor dem Kadi. Er war mit den zu entsorgenden Akten nicht korrekt umgegangen. In einem alten Akt fand er Kopien von kinderpornografischem Bildmaterial. Irgendjemand hatte es heruntergeladen und war dafür rechtskräftig verurteilt worden. Der Akt hätte vernichtet werden sollen. Doch zuvor nahm der Häftling noch ein paar Bilder an sich. Er verstaute sie in seiner blauen Latzhose und schmuggelte sie so aus dem Keller. Zwei Monate lang bewahrte er die Bilder sorgsam auf, ehe sie bei ihm sichergestellt wurden.

»Eigentlich hat es mich angewidert.« Der Angeklagte bestreitet, ein spezielles Interesse an den Kopien gehabt zu haben. Doch der Richter sieht ihn streng an, zieht die Augenbrauen hoch und macht keinen Hehl daraus, dass er ihm nicht glaubt. Die Verhandlung ist schnell beendet. Der Richter und Gery sind Routiniers, die das Prozedere in- und auswendig kennen. Gery wird zu einer unbedingten Geldstrafe verurteilt, und kehrt in die Justizanstalt zurück.

Die verflixten Fremdwörter

Mehmed ist 22 Jahre alt. Trotz jugendlichen Alters ist er bei Gericht bestens bekannt. Gemeinsam mit seinem Zwillingsbruder Abdul hat er der Justiz schon so manchen Streich gespielt. Beide haben es faustdick hinter den Ohren. Suchtmitteldelikte, Schlägereien – immer wieder saßen sie gemeinsam oder getrennt auf der Anklagebank.

Heute ist Mehmed an der Reihe. Ihm werden Nötigung und zahlreiche andere Taten zur Last gelegt. Vor dem Gerichtssaal herrscht Tumult. Eine Frauenstimme kreischt. Den berufserfahrenen Richter bringt dies nicht aus der Ruhe. Den Wachdienst schon. Der Beamte fordert die Leute vor der Tür auf, leise zu sein.

Die kreischende Stimme gehört zu einer etwa 20-jährigen, großen und schlanken Frau, die gekleidet ist, als hätte man sie gerade aus einer Disco geholt. Sie trägt weiße Stiefel mit unglaublich hohen Absätzen, eine hautenge Jeans, ein kurzes Top und eine bunte Häkelmütze. Es mangelt nicht an Make-up, jedoch an gutem Benehmen. Sie gestikuliert wild und ist aufgebracht. Irgendwann wird sie in den Zeugenstand gerufen und es stellt sich heraus, dass sie die Exfreundin des Angeklagten ist. Doch offenbar hatte sie neben ihrem Freund eine weitere Männerbekanntschaft in Bludenz – ein Lückenbüßer für jene Momente, in denen Mehmed keine Zeit oder kein Interesse an ihr hatte. Als Mehmed davon erfuhr, wurde er zornig. Als der Verehrer es auch noch wagte, seine »Discoqueen« mehrmals anzurufen, rastete Mehmed aus. Kurzentschlossen begab er sich zur Wohnung des Nebenbuhlers, und warf einen Ziegel durchs Fenster. Doch damit nicht genug. Wenig später besuchte er ihn persönlich, randalierte und bedrohte seinen Rivalen.

Eifersucht ist ein häufiges Motiv. Dennoch fragt der Richter nach, ob ihn tatsächlich dieser eine Telefonanruf so in Rage gebracht habe. »Ja, das war verrückt«, erklärt Mehmed. »Der Mann ist ein echter Stoiker.« Alle horchen auf. Ein solch fundiertes philosophisches Fachwissen hätten sie dem Mann, der bereits mehrere Jahre im Gefängnis verbracht hat, nicht zugetraut.

Sein Nebenbuhler sagt ebenfalls als Zeuge aus. Er ist mindestens doppelt so alt wie die »Discoqueen«. Auch was die Kleidung betrifft passen die beiden nicht zusammen. Irgendetwas wird der ältere Herr wohl an der jungen Dame gefunden haben. Aber ein

| 19 | PHILOSOPH |

Stoiker? Dieser Mann und Philosophie? Ihm traut man bestenfalls ein allgemeines Lexikon im Bücherregal zu.

Weil die Aussage, sein Nebenbuhler sei ein Stoiker, für Mehmed von Bedeutung zu sein scheint, hakt der Verteidiger bei seinem Mandanten nach. »Was ist denn Ihrer Meinung nach ein Stoiker?«. Alle horchen gespannt. »Der war immer lästig. Hat immer angerufen, immer gefragt, nie Ruhe gegeben«, erklärt Mehmed bereitwillig. Nun ist allen klar, dass von einem ›Stalker‹ die Rede ist. Dass hier zumindest eine akustische Ähnlichkeit zu ›Stoiker‹ besteht, lässt sich nicht leugnen.

Nachdem diese Frage geklärt ist, wird das Beweisverfahren geschlossen. Zu einigen Vorwürfen ist der Angeklagte ohnedies geständig. Wieder einmal verspricht er vor Gericht, künftig ein besserer Mensch zu werden, alles anders zu machen, zu arbeiten und ein ordentliches Leben führen zu wollen. »Herr Richter, ich gebe alles zu. Ich will einen Schlussstrich ziehen«, beteuert der junge Mann und fügt feierlich hinzu: »Ich will nur Gerechtigkeit.« Zehn Monate bekommt er allemal. Aber auch die gehen vorbei. Und in der zweiten Reihe blinzelt der Zwillingsbruder dem Verurteilten zu und deutet ihm mit Zeige- und Mittelfinger zuversichtlich ›Victory‹.

POLIZEI

DVR: 0479438
GZ B1/45498/2006/KD-B

Verzeichnis der in Verwahrung genommenen
Beweisgegenstände (Standblatt)

Standblattnummer
Strafsache gegen:
wegen   Rene ZEHE, Dominik WÖRZ, Marcel NEIDENSOHN,
Erleger   §§ 127 bis (3), 129, 278, 164, ua
Erlegt am   PI Bregenz

Zahl	Gegst.		
14	CDs		
1			

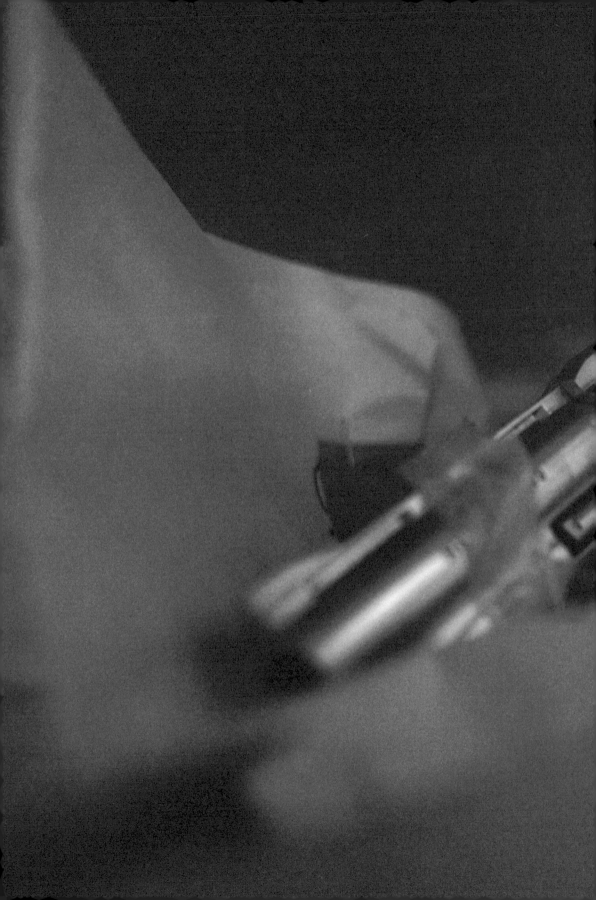

Zarte Klänge aus Nachbars Garten

Geraten sich Nachbarn in die Haare, ist das für alle Beteiligten äußerst belastend. Wer nicht betroffen ist, amüsiert sich allerdings köstlich. Ließen sich solche Streitigkeiten nicht mittels Gerichtsverfahren schlichten, gäbe es bestimmt Mord und Totschlag. So konnte auch in diesem Fall durch die Intervention des Gerichts Schlimmeres verhindert werden, und niemand musste wegen Ehrenbeleidigung, Körperverletzung oder Nachbarmord vor den Strafrichter.

Auslöser des Streits war eine Holzfräse, die Herr K. auch außerhalb der erlaubten Zeiten in Betrieb nahm. Der Lärm war ohrenbetäubend und so kamen am Gartenzaun die ersten hitzigen Diskussionen in Gang. »Dann werfen Sie aber Ihre Zigarettenstummel nicht immer auf mein Grundstück«, wandte der Fräser ein. Außerdem forderte er, dass sein Nachbar ihm nicht immer mit dem Scheinwerfer direkt ins Haus leuchten solle. Schließlich gebe es auch noch eine Privatsphäre. Die Vorwürfe häuften sich und der Streit eskalierte.

1997 lief der Film »Das kleine Arschloch« erstmals in den Kinos und wenig später war auch der Soundtrack im Handel erhältlich. Der verärgerte Nachbar erstand die CD, spielte sie probeweise zuhause ab und fand immer größeren Gefallen an den Liedtexten. Bei schönem Wetter hörte er den Soundtrack am liebsten auf der Terrasse. »Du kleines Arschloch, schäm dich nicht, Du kleines Arschloch, musst nicht traurig sein« dröhnte es wiederholte Male aus dem Lautsprecher. Hämisches Gelächter gesellte sich zu den munteren Tönen. Allerdings nur dann, wenn der Nachbar im Garten zu sehen war. Dessen Gattin litt so sehr unter den Streitigkeiten, dass sie einen Nervenarzt aufsuchte. Eine Unterlassungsklage wurde eingebracht.

»Warum? Mir gefällt die CD halt. Es ist doch nicht verboten, im Garten Musik zu hören«, rechtfertigt sich der Musikfan vor Gericht. Seltsamerweise war bei Schlechtwetter, oder wenn der Nachbar nicht im Garten anzutreffen war, die Filmmusik nie zu hören. Dann machte es offensichtlich weniger Spaß. »Um mich zu ärgern, hat er die Melodie dann noch auf seiner Trompete auf der Terrasse geblasen«, sagt der Kläger, der nervlich völlig am Ende ist, aus. Bis zu 15 Mal habe der sadistische Nachbar das Lied wiederholt.

Nach einer langen Verhandlung entscheidet das Bezirksgericht, dass es sich hier sehr wohl um eine Schikane handle. Dass genau diese eine Textstelle immer wieder bewusst abgespielt wurde, ist für das Gericht offensichtlich. Somit wurde dem Nachbarn das weitere Abspielen dieses obszönen Songtexts untersagt.

Doch die Entscheidung kam zu spät, der Störenfried war mittlerweile ausgezogen. Die Prozesskosten in Höhe von 2.700,– Euro musste er seinem Nachbarn dennoch bezahlen. So wurde in letzter Sekunde ein Totschlag oder Mord verhindert und niemand musste vors Schwurgericht oder gar ins Gefängnis. »Es hätte aber auch weitaus schlimmer kommen können«, pflegen Journalisten in solchen Fällen zu sagen – ein Satz, der ans Ende der meisten Geschichten passt.

Nix ist fix

Um sicher zu sein, dass der Angeklagte auch der zu Verurteilende ist, bemüht das Gericht des Öfteren Experten – medizinische Sachverständige, Faserexperten, Ballistiker oder sonstige Spezialisten. Aber auch Sachverständige können sich irren.

Dieses Schwurgericht ist ein Kuriosum, und bis heute konnte dieser Bankraub nicht restlos aufgeklärt werden. Folgendes steht zum Zeitpunkt des Prozesses fest: Der Angeklagte ist bereits wegen eines anderen Banküberfalls zu elf Jahren Haft verurteilt worden. Während der Haft tauchten Hinweise auf, dass der Häftling in einen weiteren Raubüberfall verwickelt sein könnte. Dieser ist nun Gegenstand eines zweiten Schwurgerichtsprozesses.

Bereits bei der Verlesung der Vorstrafen verdüstern sich die Mienen der Geschworenen. Der 49-Jährige ist zweifellos kein unbeschriebenes Blatt. Bereits vor 30 Jahren erhielt der Angeklagte wegen Totschlags eine Haftstrafe. Danach wurde er wegen Raubes mit Todesfolge zu weiteren 20 Jahren Haft verurteilt. Und zuletzt saß er elf Jahre wegen des Banküberfalls vor vier Jahren ab. War er 1996 an dem mysteriösen Banküberfall beteiligt? Ist er der Mann, der sich mit 36.500,– Euro aus dem Staub gemacht hat? Das Geld ist bis zum heutigen Tag nicht aufgetaucht. Auch jene 20.000,– Euro, die mit einer Sicherheitsfarbbombe markiert worden waren, sind spurlos verschwunden.

»Ich war das nicht«, beteuert der Vorbestrafte und beantwortet alle Fragen, soweit er sich noch daran erinnern kann. Für den hageren Verbrecher ist es scheinbar schwierig zu rekapitulieren, wann er wo war, ob er zu dieser Zeit einer Beschäftigung nachging und wo er wohnte. Das Ergebnis seiner Einvernahme ist nicht besonders ergiebig. Der Gesichtsausdruck des Staatsanwalts ist ernst. Auch er wittert, dass heute die Chancen für einen Schuldspruch schlecht stehen. Trotz akribischer Ermittlungstätigkeit der Polizei, trotz nächtelangem Studieren der Akten – dieser Fall bleibt rätselhaft. Die Anklagebehörde baut auf die geladene Sachverständige, eine Grafologin. Frau Dr. Claudia B. ist eigens aus Wien angereist. Sie kennt sich mit Handschriften bestens aus, weiß, was sie bedeuten und welche Rückschlüsse sie erlauben. Die Schriftexpertin ist eine kleine, etwas rundliche Frau. Sie trägt einen dunkelbraunen Wollrock, und eine farblich passende Jacke.

Gemächlich öffnet Frau B. ihren Aktenkoffer und holt eine dünne Mappe heraus, in der sich die Beweisstücke befinden. Diverse Schriftproben des Angeklagten sollen verglichen werden. Von besonderer Bedeutung ist das Erpresserschreiben des Bankräubers, auf dem Folgendes geschrieben steht: »Geld her, das ist ein Überfall!« Stimmt die Schrift des Angeklagten mit der des Verbrechers, von dem bisher jede Spur fehlt, überein?

Die Spannung steigt. Jetzt hat die Grafologin ihren großen Auftritt. Alle sind gespannt, welche Geheimnisse die einzelnen Buchstaben verraten. Ist es denn nicht möglich, die Handschrift eines anderen vorzutäuschen? Diese Frage scheint den Geschworenen durch den Kopf zu gehen. Ein Overhead-Projektor wirft die Schriftzeichen an die Wand.

»Sooo«, sagt Frau B. und die Spannung steigt weiter. Sie steht auf und legt die erste Folie auf. Alle sind zunächst gespannt, doch nach fünf Minuten macht sich Schlafstimmung breit. Die Grafologin blüht sichtlich auf, ist jetzt ganz in ihrem Element: Von der Wiener Gemütlichkeit ist nichts mehr zu spüren. Sie referiert über »eindeutige Bewegungsabläufe und unübersehbare Intention«, erläutert »unverwechselbare Auf- und Abstriche, unsichere Schlingenführung« und »klar wieder zu erkennende Verstärkungen«. Der Vortrag dauert fast eine halbe Stunde. Selbst der Vorsitzende gähnt unauffällig. Alle im Saal sind von so viel Fachwissen benommen. Die Folien, die mittlerweile mehrfach auf der beleuchteten Glasplatte gewechselt wurden, werden nochmals kontrolliert. Eine Zeile hat Frau B. besonders gründlich analysiert. Sie scheint des Rätsels Lösung zu sein.

Einer der beisitzenden Richter flüstert plötzlich dem Vorsitzenden etwas ins Ohr. Die beiden unterhalten sich leise, die Grafologin ist irritiert und hält kurz inne. Der Vorsitzende bespricht sich weiterhin unbeirrt mit seinem Kollegen. Nun runzelt auch der Leiter des Prozesses die Stirn und schüttelt den Kopf. Irgendetwas stimmt nicht.

Trotz »unübersehbarer Identität« wird schnell klar, dass es sich bei dieser Zeile um die Notiz eines Justizwachebeamten handelt. Frau B. hat offensichtlich die Schrift verwechselt. Wie peinlich. Die Sachverständige holt tief Luft. Ihr Kostüm droht zu platzen. »Das kann ich mir jetzt gar nicht erklären«, stammelt sie betreten.

Der betreffende Justizwachebeamte wird als Zeuge aufgerufen. Der Senat hat Glück, denn der Mann hat heute Dienst. Er sieht sich die Notiz an und bestätigt, diese Zeile verfasst zu haben. Er hat etwas vermerkt, um es nicht zu vergessen. Unter anderem den Namen des Beschuldigten.

»Ja gut, dann danke für das Gutachten. Die Honorarnote schicken Sie«, sagt der Vorsitzende und lässt die Blamierte gehen. »Jaja.« Frau Dr. B. ist froh, nicht weiter antworten zu müssen. Im Saal wird geschmunzelt und geschwätzt. Auch die Geschworenen haben begriffen, dass sich die Expertin geirrt hat. Sie hat zwei unterschiedliche Schriften miteinander verglichen und »unverwechselbare Ähnlichkeiten« festgestellt. Der Vorsitzende mahnt zur Ruhe.

Das Schlussplädoyer des Verteidigers unterstreicht nochmals die Unsicherheiten, die es während des gesamten Verfahrens gab. Die Krönung war das fehlerhafte Schriftgutachten. Das Plädoyer des Staatsanwalts fällt spärlich aus. Nicht einmal er scheint sich unter diesen Voraussetzungen einen Schuldspruch zu wünschen.

Nach kurzer Beratung sprechen die Geschworenen den Angeklagten einstimmig vom Vorwurf des Bankraubes frei. Frei ist er dennoch nicht. Zumindest kommen keine weiteren Jahre zu den elf Jahren Haft, die er gerade absitzt, hinzu. Soviel steht fest.

Staatsanwalt und Zugauskunft

Allein das Wort »Staatsanwalt« löst bei den meisten ein schlechtes Gewissen aus. Irgendeinen kleinen Gesetzesverstoß haben wir uns alle schon geleistet. Oder haben Sie etwa noch nie Zigaretten oder Whisky über die Grenze geschmuggelt?

Je öfter man mit Anklagevertretern zu tun hat, desto menschlicher werden die Damen und Herren, deren Talar mit rotem Samt eingesäumt ist. Gewiss, nicht alle sind gleich. Der eine ist ständig schlecht gelaunt und zynisch, der andere wiederum zeigt viel Verständnis für jugendliche Delinquenten. Mitunter haben Staatsanwälte ganz spezielle Vorlieben und Interessen, die manchmal auch im Berufsalltag zum Vorschein kommen.

Staatsanwalt Werner S. ist schon lange im Amt. Er freut sich auf die Pensionierung und zählt bereits die Tage. Der rüstige Beamte kann jederzeit über den aktuellen Stand seiner noch ausständigen Dienstzeit Auskunft geben. Aber das ist noch lange nicht alles. Er weiß den österreichischen Zugfahrplan auswendig, und gibt bei Bedarf auch gerne Auskunft.

Einmal stand ein Betrüger vor Gericht. Der Gauner trieb in ganz Österreich sein Unwesen, und daher waren auch einige Opfer aus anderen Bundesländern als Zeugen geladen. Die meisten waren eigens mit der Bahn nach Feldkirch gereist. Ein willkommener Anlass für Werner S., Fahrplanauskünfte zu geben.

Die Geschädigten wurden der Reihe nach aufgerufen, traten ein und nahmen im Zeugenstand Platz. Natürlich interessierte sich der Anklagevertreter auch für die strafrechtsrelevanten Details, aber ihm war anzusehen, dass er das Ende der Einvernahme kaum erwarten konnte. Völlig unerwartet fragte er den Zeugen: »Mit welchem Zug sind Sie angereist?« »Mit dem um 6.30 Uhr aus Linz«, antwortete der Zeuge etwas irritiert. »Aaaahhhhh – mit dem ›Wiener Walzer‹. Einmal umsteigen in Innsbruck um 10.00 Uhr auf Bahnsteig 3. Danach um 11.15 Uhr weiter mit dem Eurocity ›Transalpin‹. 14.00 Uhr Ankunft in Feldkirch.« So ging das Zeuge für Zeuge.

Doch Werner S. ist nicht nur neugierig sondern auch hilfsbereit. Unaufgefordert zählte er während dieser Verhandlung sämtliche Züge auf, die den Weitgereisten in den nächsten Stunden wieder zurück in seine Heimat bringen. Alle schmunzelten, doch mittlerweile ist Dr. S. als großer Eisenbahnliebhaber bekannt.

Wer das Thema in einer Verhandlungspause auf Modelleisenbahnen lenkt, ist selber schuld. Denn die Modelleisenbahn ist die größte Leidenschaft des Staatsanwalts und nimmt inzwischen fast seine ganze Wohnung in Anspruch.

Geografie ist sein zweites Steckenpferd. Kommt jemand nicht aus Vorarlberg, kann und will Dr. S. genau erklären, wo der Herkunftsort des Sachverständigen, Dolmetschers oder Zeugen liegt. Meist erzählt er im Anschluss noch irgendeine Geschichte von irgendeiner Reise, die ihn einst in die betreffende Gegend führte. Manchmal muss der Richter den Staatsanwalt mit einer freundschaftlichen Ermahnung in die Realität zurückholen.

Dieser Mann hat ein unglaubliches Gedächtnis. Er kann sich an sämtliche Geburts- und Namenstage sowie historische Ereignisse erinnern. In den Verhandlungspausen erzählt er nur allzu gerne, welche hübsche Rechtspraktikantinnen schon an diesem Gericht tätig waren. Er erinnert sich an Frisur, Haarfarbe, Größe, bevorzugten Modestil, Ähnlichkeiten zu Schauspielerinnen und andere Details. »Ich weiß von allen hübschen Frauen die Geburtstage«, prahlt er. Als der Pressefotograf vor dem Beginn eines Prozesses einen Moment Zeit hat, stellt sich Dr. S. bereitwillig neben eine hübschen Kollegin und lässt sich stolz ablichten.

Werner S. ist auch ein überaus erfahrener Schnäppchenjäger. Er kennt die aktuellsten Sonderangebote und weiß genau, wo und wann welcher Artikel vergünstigt ist. Und hier hat der Staatsanwalt eine spezielle Strategie entwickelt, um besonders günstig einzukaufen. Wie die funktioniert, hat er mir einmal als Geheimtipp verraten. »Ich achte ganz genau darauf, wie lange ein Angebot dauert. Beispielsweise Biskuitkuchen. Am letzten Tag des Angebots gehe ich ins Geschäft. Dann ist die Ablauffrist nämlich schon so nahe gerückt, dass man mir den Kuchen noch billiger geben muss«, erklärt der Schnäppchenjäger stolz.

Am meisten ärgert er sich über Angebote, die im Prospekt zwar beworben, im Geschäft allerdings nicht erhältlich sind. »Frechheit! Ich war pünktlich am letzten Angebotstag in diesem Geschäft und habe trotzdem nichts mehr bekommen. Das ist doch ein Missstand sondergleichen«, macht der Sparefroh seinem Ärger Luft. In Sachen Sparsamkeit können zukünftige Staatsanwälte mit Sicherheit noch viel von Werner S. lernen.

Wirkungsloses Pokerface

Dass man im Spielkasino in aller Regel um sein Geld gebracht wird, ist bekannt. Doch manchmal läuft das Spiel aber auch andersrum. Nämlich dann, wenn der Kunde mit Falschgeld bezahlt.

Der 43-jährige Barbetreiber aus Trinidad scheint nervös zu sein. Heute präsentiert er eine vierte Variante des Sachverhalts. Zu Jahresbeginn wurde der Farbige mit Falschgeld im Spielkasino erwischt. Anfangs behauptete er noch, die Geldscheine von einem Unbekannten bekommen zu haben, erfand dann aber immer wieder neue Versionen.

Zwei gefälschte 50-Euro-Scheine hatte der Dunkelhäutige dem Kasino-Angestellten bereits angedreht. »Der Mann verhielt sich irgendwie auffällig, es war nicht einmal so sehr das Geld«, erinnert sich der Zeuge. Der Spieler wirkte offenbar nervös, fixierte mit seinem Blick den Geldschein und musterte den Angestellten ungewöhnlich lange. Der Spielleiter schöpfte gleich Verdacht, doch der Besucher war bestens vorbereitet. »Das ist mir schon mal passiert«, sagte er und zeigte einen Wechselbeleg der Zürcher Kantonalbank vor. Der Bon bestätigte, dass der Mann am Vortag beim genannten Geldinstitut etliche Scheine in 50-Euro-Noten gewechselt hatte. Der Croupier gab vor, die Geschichte zu glauben, ließ sich von einem Kollegen ablösen und ließ die Scheine überprüfen. Sein Verdacht wurde bestätigt – es waren Blüten.

Man durchforstete das Kasino und fand weiteres Falschgeld. »Ich bin unschuldig«, beteuert der zwielichtige Kasinobesucher noch immer. Er scheint nicht zu begreifen, dass es längst keinen Sinn mehr macht, die Sache zu leugnen. Doch schließlich ist er geständig: »Ich geb's zu, ich habe versucht, das Falschgeld in der Spielbank zu wechseln.« Die Hintergründe der Tat glaubt der Richter allerdings nicht. Die Mafia habe ihn gezwungen, das Falschgeld auszugeben. Namen könne er keine nennen, auch Kontakte nicht.

Kurz nach der Festnahme des Gauners machte ein Naturschützer im Park, der in der Nähe des Kasinos liegt, eine interessante Entdeckung. Der ehrenamtliche Helfer war gerade damit beschäftigt, die Nistkästen zu reinigen und instand zu halten. Als er das Türchen öffnete, kam ihm ein ganzes Bündel Euro-Scheine entgegen. Lauter Fünfziger.

Die fortlaufenden Nummern passten genau zu den bereits sichergestellten Blüten. »Davon weiß ich nichts und damit hab ich auch nichts zu tun«, behauptet der Angeklagte. Wegen dieser Scheine kann er nicht verurteilt werden, weil es tatsächlich an Beweisen mangelt. Für seinen Kasino-Trick erhält er acht Monate, weitere 16 auf Bewährung. Er scheint die Strafe zu akzeptieren. »Vor der Mafia müssen Sie sich nicht mehr fürchten. Hier sind Sie in Sicherheit«, scherzt der Staatsanwalt.

Der Barbetreiber holt in Ruhe ein Papiertaschentuch aus der Hosentasche, schnäuzt sich und trottet, von zwei Justizwachebeamten begleitet, in Richtung Gefängnis. Dort hat er genügend Zeit, sein Pokerface zu perfektionieren.

Maria und die Zukunft

Oftmals nutzen Betrüger das Vertrauen ihrer Opfer schamlos aus. Auch Melinka verstand sich bestens darauf, andere hinters Licht zu führen.

Melinka H. ist eine Roma und seit 12 Jahren österreichische Staatsbürgerin. Fremden gegenüber hat sich die junge Frau immer als »Maria« ausgegeben. Angeklagt ist sie wegen schweren Betrugs. Sie beherrschte ihr Handwerk meisterhaft.

24 | WAHRSAGERIN

Auf der Anklagebank ist die Angeklagte nicht besonders gesprächig. Die Staatsanwältin schließt das Fenster, ehe sie mit ihrem Eröffnungsplädoyer beginnt: »Frau Melinka H. begann ihren Beutezug, als sie als Putzfrau in einer Nervenheilanstalt arbeitete. In der Cafeteria knüpfte sie unauffällig Kontakt zu dem Patienten Gerald M. Dem 56-Jährigen gefiel die junge Arbeitskraft, und so gewann sie schnell das Vertrauen des Mannes«, trägt die Staatsanwältin vor.

»Diesem kranken Mann, der an Depressionen litt, erzählte die Angeklagte, sie habe ein krankes Kind, das dringend eine Herzoperation benötige, und der Gutgläubige fiel darauf herein. Kurzentschlossen versprach er, ihrem Kind zu helfen und organisierte rund 82.000,– Euro. Wertpapiere, Aktien – all seine Ersparnisse brauchte er auf. Immer wieder flossen immense Beträge. Im Glauben, die hübsche Frau liebe ihn tatsächlich, zeigte er sich großzügig. Nachdem der Geldfluss versiegt war, machte sich die Frau aus dem Staub«, fährt die Staatsanwältin fort und holt tief Luft. Melinka blickt zum Fenster hinaus, als hätte sie mit dieser Angelegenheit nichts zu tun.

Die Staatsanwältin blättert in ihren Unterlagen und beginnt mit dem zweiten Vorwurf: »Dieses Mal ging der Betrügerin ein Mesner ins Netz. Sie klagte ihm ihr Leid. Man würde sie abschieben, da sie eine Verwaltungsstrafe nicht zahlen könne. Auch diese Lüge brachte ihr eine stolze Geldsumme ein. Im Übrigen war die Angeklagte im ganzen Land unterwegs, gab sich als Wahrsagerin Maria aus und zog unzähligen Menschen das Geld aus der Tasche«, beendet die Dame im Talar ihren Vortrag.

Der Richter räuspert sich und fragt Melinka, ob sie die Anklage verstanden habe. Und jetzt kommt Melinkas großer Auftritt. Sie bricht in Tränen aus und sagt mit leiser Stimme: »Es tut mir leid, ich wollte das Geld zurückzahlen, Herr Rat.« Es folgen unzählige Ausreden und Entschuldigungen. Zweifelsohne mangelt es Melinka nicht an Überzeugungskraft, doch der Richter bleibt sachlich. Er stellt kurze Fragen und fordert kurze Antworten.

Jetzt kommt Melinkas Verteidiger ins Spiel. Und auch er versteht es, sich in Szene zu setzen. »Hier, meine Damen und Herren, habe ich 20.000,- Euro«, verkündet er triumphierend. Während er die Scheine zu einem Fächer anordnet und damit herumwedelt, fährt er fort: »Dieses Geld haben die Verwandten meiner Mandantin gespart, um es jenem Mann zurückzugeben, der bis zum heutigen Tag sein Geld nicht bekommen hat. Und den Rest wird meine Mandantin ebenfalls zurückzahlen, sobald sie kann.«

Wer von beiden der bessere Schauspieler ist, lässt sich nicht so leicht entscheiden, denn sowohl Mandantin als auch Anwalt spielen ihre Rollen mit großer Hingabe. Die zwei Laienrichter lassen den Geldfächer nicht mehr aus den Augen. Gebannt blicken sie auf die Scheine. Alle scheinen der Ansicht zu sein, dass das ein faires Angebot ist. Und der Geschädigte erklärt sich blitzschnell bereit, dieses Geld entgegenzunehmen. Tatsache ist jedoch, dass immer noch 62.000,- Euro fehlen, und dieses Geld wird er so schnell nicht wiedersehen.

Entgegen ihrer Behauptung ist Melinka keineswegs mittellos. Im Gegenteil. Laut Vermögensverzeichnis besitzt sie zwar nichts, doch ihre Verwandtschaft in Wien hat es mittlerweile zu einem beachtlichen Vermögen gebracht. Zwei Mietshäuser, teure Autos und viel Goldschmuck nennen sie ihr Eigen. Aber angeklagt ist Melinka. Und bei ihr ist offiziell nun mal nichts zu holen. Selbst wenn alles gepfändet wird: Wo nichts ist, hat der Kaiser sein Recht verloren.

Melinka muss für fünf Monate ins Gefängnis. Zehn weitere Monate werden auf Bewährung ausgesprochen. »Wenn Sie noch die kleinste Kleinigkeit anstellen, Frau H., dann sitzen Sie zehn weitere Monate hinter Gittern«, droht der Richter. Wie auf Kommando stoppt Melinkas Tränenstrom. Ihr Gesichtsausdruck verändert sich in Sekundenschnelle – wie bei einer Schauspielerin, die gerade eine Drehpause einlegt. Sie stolziert zur Tür, wirft ihr Haar über die Schulter und kommentiert das Urteil nur mit einem knappen »Phhh!«. Zumindest ihre eigene Zukunft kann die Frau für die nächsten fünf Monate genau vorhersagen.

Gratis Bingo

Kasinos, Wettbüros und Pokertische sind immer wieder Schauplätze von Mogelei und Betrug. Was den Ganoven im technischen Zeitalter das Leben allerdings schwer macht, sind Überwachungskameras.

Musti, wie seine Freunde Mustafa nennen, spielt für sein Leben gerne Bingo. Sein 27-jähriger Landsmann Hüssün ebenfalls. Ihre Freizeit verbringen die beiden Asylwerber, die ja nicht arbeiten dürfen, am liebsten bei einem kleinen Spielchen im Kasino. Doch das wenige Geld, das sie besitzen, ist immer viel zu schnell weg, die Spiellust jedoch noch lange nicht gestillt. Und so griffen sie auf einen altbewährten Ganoventrick zurück.

Ein Strafprozess vor Gericht ist den beiden unbescholtenen Arbeitern völlig fremd. Die jungen Männer, die aus der Untersuchungshaft vorgeführt werden, wirken unsicher und schüchtern. »Soll ich hier sitzen?«, fragt Musti. »Ja, bitte«, antwortet der Richter. Die Verhandlung gestaltet sich einfach, denn die beiden wurden auf frischer Tat im Kasino ertappt.

Somit kann das Beweisverfahren gleich mit der Vernehmung des Spielautomatentechnikers beginnen. Die Geschichte trug sich folgendermaßen zu: Mustafa und Hüssün mischten sich wieder einmal unter die noblen Kasinogäste. Doch dieses Mal versuchten sie es mit einer List. Bingo ist zwar ein Glücksspiel, aber wer sagt, dass man den Einsatz legal aufbringen muss?

Ausgerüstet mit verschiedenen Geldscheinen und einer speziellen »Angel« suchten sich die beiden einen etwas abgelegenen Bingo-Automaten. Dort packten sie den kleinen Stab, an dessen Ende eine Klebefolie befestigt war, aus. An der Klebefolie hing ein 50-Euro-Schein. Hüssün stand Schmiere, während sein Komplize den Schein an der Angel rasch in den Schlitz des Automaten steckte. Der buchte den Betrag als Guthaben, das Spiel war eröffnet. Der Geldschein, der mit der Angel verbunden war, ließ sich danach wieder bequem herausziehen. Da der Trick tadellos funktionierte, wurde in einem weiteren Versuch ein 500-Euro-Schein befestigt. Auch das klappte wie am Schnürchen. Der Spieleinsatz belief sich an diesem Abend auf insgesamt 9.750,- Euro.

»Dieser Trick ist eigentlich uralt und bei Ganoven leider sehr beliebt«, berichtet der Automatentechniker im Zeugenstand. »Egal ob Kaffee-, Park- oder Spielautomat – er funktioniert überall und ist eigentlich äußerst einfach«, gesteht der Experte. Nur Überwachungskameras können Abhilfe schaffen. »Damit erwischt man die meisten dann doch. Und dann schnappt die Falle zu«, freut sich der Fachmann nun ein wenig darüber, dass am Ende doch er der Gewinner ist.

Auch im Bingo-Fall flog der Schwindel bald auf. Die tägliche Überprüfung des Geräts ergab einen beachtlichen Fehlbetrag. Die Überwacher an ihren Monitoren wurden aktiv und ließen das Gerät nicht aus den Augen. Bereits am nächsten Wochenende wurden die beiden »Angler« auf frischer Tat ertappt.

»Wollen Sie noch etwas sagen?«, fragt der Vorsitzende. Doch Musti und Hüssün sind schweigsam. Sie erheben sich von ihren Plätzen und vernehmen das Urteil im Namen der Republik. Mustafa bekommt wegen schweren Betrugs fünf und Hüssün vier Monate Haft auf Bewährung. Die zwei Glücksspieler sind überglücklich, aus der U-Haft entlassen zu werden. Dass sich die Vorstrafe sicher nicht positiv auf ihre Asylanträge auswirken wird, scheint den Männern in diesem Moment noch nicht bewusst zu sein. Für den Schaden in Höhe von fast 10.000,- Euro müssen sie natürlich aufkommen. Der sichergestellte 500-Euro-Schein samt Griff und Folie wird eingezogen und kommt auf den Dachboden des Gerichtsgebäudes, wo so manch anderes Corpus Delicti auf seine Vernichtung wartet. Der Hausmeister bringt die Gegenstände ganz nach oben unters Dach, beschriftet sie und legt sie behutsam neben ein wunderschönes, jedoch einst illegal betriebenes Roulette. Mustafa und Hüssün gehen den Fluss entlang, der parallel zum Gerichtgebäude fließt. Nach dieser Aufregung brauchen sie erst einmal einen Kaffee.

Hüttenzauber

Immer wieder hat es die Justiz mit Spaßvögeln verschiedenster Art zu tun. Manche inszenieren einen Überfall, andere wiederum halten die Einsatzkräfte zum Narren.

Xaver E. stammt aus einer Bauernfamilie. Auch seine Eltern und Verwandten sind heute angereist, um Xaver vor dem Strafgericht beizustehen. Nervös zupft die Mutter des 25-Jährigen an seinem Trachtensakko. Xaver zeigt sich selten im Sakko. Er bewegt sich sehr vorsichtig, um das gute Stück nicht zu zerknittern. Der Jungbauer ist groß gewachsen, macht einen gesunden Eindruck. Im Verhandlungssaal riecht es nach Kuhstall. Es ist eine dezente Mischung aus warmer Milch, Heu und ein wenig Kuhmist, die in der Luft liegt.

Die Verhandlung beginnt und die ganze Familie betritt den Saal. Ehrfürchtig zieht Xavers Vater seinen grauen Filzhut und grüßt höflich. Was ihm vorgeworfen wird, hat Xaver längst verstanden.

Im Jänner erlaubte sich Xaver einen Spaß, der ihm schlussendlich 650,– Euro Buße, eine dreimonatige Bewährungsstrafe sowie Schadenersatzforderungen in Höhe von 220.000,– Euro einbrachte. Viel Geld für einen 25-jährigen Landwirt.

Wieder einmal hatte der Bauernsohn einen über den Durst getrunken und sich dann auf den Weg Richtung Gerbis-Alpe gemacht. Bei Einbruch der Dämmerung alarmierte er die Bergrettung und erklärte mit verzweifelter Stimme: »Ich habe zwei Flaschen Wein getrunken und mich verlaufen.«

Sofort rückten 30 Mann der Bergrettung und Alpingendarmerie aus. Schließlich war es Winter und die Temperatur lag weit unter dem Gefrierpunkt. Inzwischen saß Xaver vergnügt in einer Almhütte und machte ein Feuer, um nicht zu frieren. Die Suchmannschaften mit ihren Stirnlampen ausrücken zu sehen, bereitete dem Jungbauern große Freude. Er genoss indessen die Stille in den schneebedeckten Bergen, kochte sich eine Suppe und ging zu Bett.

Als die Suchmannschaften nach erfolgloser Suche erschöpft nach Hause zurückkehrten, schlief Xaver friedlich in der Hütte. Zwei Tage lang narrte er Bergretter, Hundestaffel und Rettungshubschrauber. Er dirigierte sie in alle Himmelsrichtungen. In der Zwischenzeit wechselte er sein Quartier und brach in eine andere Almhütte ein. Irgendwann machte ihm das Versteckspiel keinen Spaß mehr und er bereitete ihm ein Ende, indem er seinen Standort verriet. Die Bergretter waren erleichtert und verärgert zugleich.

Auch heute sind einige von ihnen gekommen. Sie wollen wissen, warum sie dieser Junge tagelang bei klirrender Kälte durch unwegsames Gelände gehetzt hatte. Doch Xavers Erklärung fällt knapp aus: »Mein Alkoholproblem hat sicher etwas damit zu tun. Ich trank damals zwölf Flaschen Bier pro Tag.« Die Mutter des Angeklagten beißt sich schuldbewusst auf die Lippen und flüstert ihrem Mann etwas ins Ohr. Auch der Rest der Familie wirkt angespannt. Es ist ihnen unangenehm, mit den Fakten so direkt konfrontiert zu werden.

26 NOTRUF

Die Besitzer der Almhütten werden aufgerufen und nach der Höhe des angerichteten Schadens gefragt. »Er hat ein totales Chaos zurückgelassen«, sind sich alle Betroffenen einig. Sie berichten von eingeschlagenen Fenstern, Speiseresten, schmutzigen Kochtöpfen, zerstörten Bildern, kaputten Möbeln und Fäkalien im Essgeschirr. Der enorme Sachschaden rührt daher, dass eine Holzhütte abbrannte, nachdem Xaver versehentlich Benzin neben den Ofen geschüttet hatte. Die Hütte ging in Flammen auf. Ebenfalls abgebrannt ist eine weitere Hütte samt Stall. Dieses Mal hatte Xaver eine Kerze auf den Holzboden gestellt. Die Kerze brannte vollständig ab und setzte die trockenen Holzplanken in Brand.

Einer geregelten Arbeit geht Xaver nicht nach. Er hilft den Eltern auf dem Hof. »Vielleicht kann ich ja im Sommer wieder auf der Alm arbeiten, da krieg ich 50,- Euro pro Tag«, sagt er. Für die Strafe erbittet sich Xaver Ratenzahlung. Für den Schaden wolle er baldigst aufkommen. Den Verhandlungssaal verlässt er als Vorbestrafter. Seine Familie folgt ihm. Die gesamte Familie zwängt sich in einen weißen Kombi und fährt zurück ins Tal.

Am nächsten Tag ist die Geschichte in einer Lokalzeitung nachzulesen. Wenig später erreicht ein Brief die Redaktion. Ein langer Brief. Geschrieben von Xaver und dessen Familie. Der Bericht entspreche nicht den Tatsachen, sei frei erfunden.

Mit einem Tagessatz von 50,- Euro müsste der Jungbauer 4400

Tage arbeiten, um den gesamten Schaden bezahlen zu können. Das sind mehr als zwölf Jahre. Doch vermutlich verzichten die Geschädigten auf den Großteil ihrer Ansprüche.

Der Auftragskiller, der seinen Auftrag vergaß

60 Jahre hat Bernd mittlerweile auf dem Buckel. Mehrere davon hat er im Gefängnis verbracht. Er trinkt, kokst und ist nicht zimperlich, wenn er unter Drogeneinfluss mit einem Kumpel in Streit gerät.

Heute wird ihm vorgeworfen, den Auftragskiller Harry angeheuert zu haben. Dieser soll sich Waffen besorgt haben, um einen unliebsamen Bekannten von Bernd aus dem Weg zu räumen. Geschnappt wurde Harry jedoch wegen eines Drogendelikts. Er erzählte alles, was er wusste und noch ein bisschen mehr. In seinen Einvernahmen sprach er von »kaltmachen« und »über den Haufen schießen«. Die belastenden Angaben waren so glaubwürdig, dass der Staatsanwaltschaft nichts anderes übrig blieb, als Bernd wegen Anstiftung zum Mord anzuklagen. Im Zeugenstand überrascht Harry die Geschworenen mit einer neuen Version des Tathergangs.

»Nehmen Sie hier vorne Platz«, bittet der vorsitzende Richter den Zeugen Harry. Er ist 35 Jahre alt und arbeitet heute als Barkeeper. Zuvor war er Zöllner an der österreichisch-schweizerischen Grenze. Irgendwann verfiel der Beamte dem Kokain und war daher auf regelmäßige Drogenimporte aus der Schweiz angewiesen. Nichts war leichter als das. Als Zöllner kannte er natürlich die Dienstzeiten seiner Arbeitskollegen. Allein oder gemeinsam mit Komplizen schmuggelte er immer wieder unbemerkt Drogen über die Grenze. Auch sein Bekannter Bernd war kokainsüchtig und hatte gute Kontakte zur Szene.

»Wie war das nun? In Ihrer siebten oder achten Einvernahme bringen Sie auf einmal diesen Mordauftrag ins Spiel«, forscht der Richter nach. Sein Gesichtsausdruck verrät, dass er keine weiteren Varianten des Tathergangs zu hören wünscht. Schließlich steht das Wochenende unmittelbar bevor.

Wann, wo und wie er in den Besitz der Handfeuerwaffen kam, weiß Harry angeblich nicht mehr. Seine Aussagen sind ungenau und teils widersprüchlich. Dann geht es um die genaue Formulierung des Auftrags. »Was hat Bernd zu Ihnen gesagt?«, fragt der Vorsitzende. Auch diese Frage kann der vergessliche Auftragskiller nicht beantworten. Ob von »Denkzettel verpassen« oder »Erschießen« die Rede gewesen sei – Harry hat keine Ahnung. »Ich kann nicht mit Sicherheit sagen, ob ich damals einen Mordauftrag erhalten habe oder nicht«, behauptet der Ex-Zöllner. »Mir ist noch nie jemand untergekommen, der sich von einem Tag auf den anderen an nichts mehr erinnern kann«, fährt ihn der Richter an. Schließlich erhalte man ja nicht jeden Tag einen Mordauftrag, daran müsse man sich doch erinnern können, fügt der Vorsitzende hinzu.

Während sich das kreisrunde Gesicht des Richters langsam rot färbt, grinst der Verteidiger siegessicher. Im Schlussplädoyer holt er noch einmal weit aus, um die Unglaubwürdigkeit der Aussage zu unterstreichen: »Dieser ehemalige Zöllner hat einen Amtseid auf die Republik geschworen. Dann schmuggelte er Drogen ins Land, schwärzte einen Kollegen an und hat scheinbar alles vergessen. Kann man aufgrund eines solchen Beweisverfahrens jemanden verurteilen?«

Da der vermeintliche Auftragskiller seinen Mordauftrag offensichtlich vergessen hat, wird Bernd freigesprochen. Der Staatsanwalt packt seine Akten zusammen, wirft dem einst so glaubwürdigen Zeugen einen verärgerten Blick zu und verlässt den Saal. Der Aufwand hat sich nicht gelohnt. Dem Anklagevertreter bleibt nur ein schwacher Trost: Das Wochenende steht vor der Tür.

Auch Räuber müssen planen

Wie wichtig es ist, im Voraus zu planen, erfuhr der 33-jährige Alexander bei seinem Überfall auf eine BIPA-Filiale. Doch Organisationstalent zählte nicht unbedingt zu Alexanders Stärken, und so musste er sich eines Tages wegen bewaffneten Raubes vor dem Schwurgericht verantworten.

Alexander war gelernter Koch und auch jahrelang in der Gastronomie tätig. Dann verlor er seinen Job. Im Umgang mit anderen Menschen hat sich der schüchterne Mann schon immer schwer getan. Am liebsten war er allein, sah fern oder spielte mit seiner Playstation. Der introvertierte Mann hatte kaum Freunde – geschweige denn eine Lebensgefährtin.

Irgendwann fühlte er sich aber doch einsam, sehnte sich nach Nähe und Zuneigung. In seiner Not wählte er eine der unzähligen Sex-Hotlines. Er rief regelmäßig an und telefonierte stundenlang mit der vermeintlichen Liebe seines Lebens. Alexander war der festen Überzeugung, dass die überaus charmante Dame an ihm interessiert sei.

Als er die Angebetete persönlich kennen lernen und ihr ein Präsent überreichen wollte, hielt die Dame hartnäckig an dem branchenüblichen Prinzip, sich niemals mit einem Kunden zu treffen, fest. Aber das wollte Alexander nicht wahrhaben. Welchen Vorwand die Telefonistin auch immer nannte – Alexander hatte stets eine Idee, wie man das heiß ersehnte Rendezvous doch noch arrangieren könnte. Schließlich gab die Dame nach, und sie bestellte den Feldkircher zu einer erfundenen Adresse.

Er war überglücklich, seine Herzensdame, die ihm in wenigen Monaten eine Telefonrechnung in Höhe von rund 22.000,– Euro beschert hatte, persönlich zu treffen und machte sich unverzüglich auf den Weg. Doch als er weder den Fantasienamen noch die fingierte Hausnummer fand, ging ihm ein Licht auf. Er war auf eine Betrügerin hereingefallen. Doch selbst diese bittere Erkenntnis hielt den Enttäuschten nicht davon ab, der Dame weiterhin nachzustellen.

Nach einiger Zeit legte er sich seine eigene, kindliche Erklärung zurecht, um die Demütigungen besser zu ertragen. »In Wahrheit ist sie wohl ziemlich hässlich. Deshalb wollte sie mich nicht treffen, weil sie sich schämte«, heißt es in Alexanders späteren Aussagen. Auf einmal war sie auch telefonisch nicht mehr erreichbar. Seine große Liebe war spurlos verschwunden. Was blieb, waren enorme Schulden.

Alexander war verzweifelt. Bislang war er noch nie mit dem Gesetz in Konflikt geraten. Doch nun belasteten ihn die Schulden dermaßen, dass er beschloss, das Geld auf illegale Weise zu beschaffen.

Unentschlossen irrte er durch die Stadt und versuchte, zwei Bankomaten zu knacken. Doch ohne Erfolg. Da zog der Tollpatsch weiter und betrat wenig später ein Juweliergeschäft. Doch da waren noch einige Kunden, und den Möchtegernräuber verließ der Mut. Und so zog er unverrichteter Dinge weiter.

Vor einer BIPA-Filiale nahm er all seinen Mut zusammen, bastelte sich aus einer Plastiktüte eine Maske mit zwei Sehschlitzen und trottete unschlüssig in das Geschäft. »Überfall, Geld her!«, rief er mit zittriger Stimme, und die Kassiererinnen händigten dem Mann 400,– Euro aus.

Alexander machte sich schnell aus dem Staub. Doch als er bei seinem Auto angelangt war und flüchten wollte, sprang sein Wagen nicht an. Er hatte vergessen zu tanken. Das zeigte auch die Tankuhr, deren Zeiger auf »Empty« stand. Und schon klopfte ein Passant, der den Überfall mitverfolgt hatte, an die Autotür. Der Verfolger erkannte sofort, dass es sich hier um einen blutigen Anfänger handelte und forderte ihn auf aufzugeben. Ohne Gegenwehr händigte ihm Alexander die Plastiktüte mit dem erbeuteten Geld aus. Die Polizei traf ein und verhaftete den jungen Mann.

Während des Verfahrens gibt sich Alexander schüchtern. Er ist sichtlich froh, dass sein Verteidiger für ihn redet. Das Verfahren dauert nicht lange, weil der Täter sich geständig zeigt. Da er beim Überfall einen spitzen Imbusschlüssel in Händen hielt, gilt der Überfall als schwerer Raub. Aber auch der Richtersenat erkennt, dass es sich hier um einen besonderen Fall handelt. Sie nutzen eine Regelung, die es dem Gericht ermöglicht, die Mindeststrafe von fünf Jahren zu unterschreiten. Dreieinhalb Jahre werden es dennoch.

Ich habe Alexanders weiteren Werdegang verfolgt, weil mich die Cousine des Mannes darum gebeten hat. Sie war sehr engagiert und half Alexander während und nach der Haft. Er konnte

während seiner Ausgänge und nach seiner Entlassung vorübergehend bei ihr wohnen und fand nach langer Suche einen Arbeitsplatz. Als ich Alexander kurz vor seiner Entlassung fragte, worauf er sich am meisten freue, antwortete er: »Auf ein Schaumbad.« Zumindest das kann er sich jetzt wieder gönnen.

Unruhestifter

Dass es auf dem »stillen Örtchen« nicht immer still und friedlich ist, beweist folgende Geschichte.

Max wollte sich in der Disco »Sweetlife« einen netten Abend machen. Als er nach einigen Getränken ein dringendes Bedürfnis verspürte, suchte er das WC auf. Als er gerade sein Geschäft verrichten wollte, pöbelte ihn plötzlich ein junger Mann in Jeans und grauem Pulli an: Gregor, der Unruhestifter, hatte an jenem Abend kräftig gebechert und große Lust, sich mit jemandem anzulegen. »Wie hat er Sie provoziert? Was sagte der Mann zu Ihnen?«, will der Richter wissen. »Dass ich schlechte Zähne habe«, antwortet der 25-Jährige verlegen. Der Herr Rat geht nicht weiter darauf ein. Er konzentriert sich auf den Ablauf der Schlägerei.

Der betrunkene Störenfried gab sich mit der verbalen Auseinandersetzung nicht zufrieden und begann, Max anzurempeln. Max war berechtigterweise äußerst verärgert und forderte den Provokateur auf, dies zu unterlassen. Doch dieser fand immer mehr Gefallen daran. Da hatte Max endgültig genug. Er schnappte den Unruhestifter am Kragen und tauchte seinen Kopf ins Pissoir. Dabei stieß Gregor mit dem Kiefer gegen das Keramikbecken – der Schneidezahn war nicht mehr zu retten. Gregor wehrte sich nach Leibeskräften und versuchte, sich aus der übel riechenden Schüssel zu befreien.

Auch Gregor darf dem Richter seine Version der Geschichte erzählen. Doch er hat nicht viel zu sagen, denn er hatte in jener Februarnacht zu viel Whisky, Bier und Schnaps getrunken. Sein Kumpel berichtet, er habe Gregor zum WC begleiten müssen, weil er es allein nicht mehr dorthin geschafft hätte.

»Ich bin unschuldig. Wenn mich jemand beim Pinkeln stört, darf ich mich wohl wehren, oder?«, sagt Max und ist sich bis zur Urteilsverkündung sicher, im Recht zu sein. Doch seine Rechtsauffassung zählt nicht. Er wird wegen Körperverletzung verurteilt. Dass er zuvor provoziert wurde, hat der Richter mildernd berücksichtigt. 800,– Euro Geldstrafe sind dennoch zu bezahlen.

Raub mit Knoblauchpresse

Die Tatwaffen, die Räuber verwenden, sind vielfältig. Der eine schlägt sein Gegenüber mit einem Stock nieder, der andere bedroht sein Opfer mit einer Pistole. Aber auch eine Knoblauchpresse kann wertvolle Dienste leisten.

| 30 | SCHLAF! |

Abdul ist ein fleißiger Arbeiter. Er spart eifrig, und so gelingt es ihm, monatlich ein beträchtliches Sümmchen auf sein Sparbuch zu legen. Bis er wieder so viel Geld gespart hat, dass sich der Weg zur Bank auch lohnt, bewahrt er die Scheine in seiner linken Socke auf. Ein unsicheres Versteck, wie sich noch herausstellen sollte.

Marenka, die 29-jährige Mutter von zwei kleinen Kindern, wusste jedenfalls nach kurzer Zeit, wo Abdul seine Schätze aufbewahrt. Dabei hatte die Serbin den Mann erst kurze Zeit zuvor in einem Lokal kennen gelernt, wo sich der 45-Jährige ausnahmsweise einmal ein Bier gönnte. Die ledige Frau, die von der Sozial- und Kinderbeihilfe lebt, war hoch verschuldet. Immer wieder bestellte sie überflüssige Artikel aus Versandkatalogen. Als sie von Abduls Sparsamkeit erfuhr, hatte sie eine Idee.

»Wie haben Sie dem Mann das Geld abgenommen? Stimmt das, was in der Anklageschrift steht?«, will der Richter wissen. »Ja, das stimmt«, antwortet die Frau knapp. Erst als sie aufgefordert wird, die Sache nochmals kurz zu schildern, holt sie weiter aus.

Für Marenka, die derzeit in Untersuchungshaft sitzt, scheint der heutige Prozess ein willkommener Ausflug aus dem Gefängnis zu sein. Eigentlich hätte sie schon längst vor Gericht erscheinen sollen. Zuerst war sie jedoch krank, dann unauffindbar. Jetzt sitzt sie auf der Anklagebank und erzählt: »Ich wusste, dass Abdul 1.500,- Euro im Strumpf aufbewahrte, und überlegte, wie ich an das Geld kommen könnte. Mir fiel bald etwas ein. Ich fragte meine Freundin Milena, ob sie ›Schlafmittel‹ zu Hause habe Sie sagte, sie habe *Somnubene*, weil sie öfters nicht einschlafen könne. Ich erklärte ihr meinen Plan, und sie zog los, um die Tabletten zu holen. Sie tat es widerwillig.«

Die Angeklagte ist sehr konzentriert. Den Sachverhalt in möglichst fehlerfreiem Deutsch zu erzählen, bereitet ihr große Schwierigkeiten. Sie fährt fort: »Am Abend verabredete ich mich mit Abdul. Ich kam in seine Wohnung und schlug vor, gemeinsam Tee zu trinken. Er bat mich, heißes Wasser zu holen, und ich ging in die Küche. Mit der Knoblauchpresse, die ich eigens dafür mitnahm, drückte ich ihm vier Schlaftabletten ins Teewasser. Im Wohnzimmer reichte ich ihm das Teeglas.« Da Schwarztee ohnehin etwas bitter schmeckt, fiel das Schlafmittel nicht auf. Doch eine knappe Stunde später hatte Abdul Schwierigkeiten, Marenkas Erzählungen zu folgen. Er fühlte sich schläfrig und machte es sich auf der Couch bequem. Wenige Minuten später schlich die junge Frau zu dem Schlafenden, streifte vorsichtig seine linke Socke vom Fuß und steckte die satte Beute von 1.500,– Euro ein.

»Danach ging ich zu meiner Freundin, die schon auf mich wartete. Wir fuhren gemeinsam ins nächste Einkaufszentrum und kauften nach Herzenslust ein«, berichtet Marenka.

Doch die Freude währte nicht lange. Als Abdul seine leere Socke bemerkte, wusste selbst er, wer als Diebin in Betracht kam. Er erstattete Anzeige. Es folgte eine lange Suche nach der Täterin. Schlussendlich schnappte man die beiden.

Marenka und Milena, die die Schlaftabletten besorgt hat, werden wegen Raubes zu bedingter Haft verurteilt. Denn wer jemanden betäubt oder einschläfert, wendet im rechtlichen Sinne ›Gewalt‹ an und begeht einen Raub, wenn er dem schlafenden Opfer Wertgegenstände oder Geld abnimmt.

»Muss ich das Geld zurückzahlen?«, will Marenka abschließend noch wissen. »Davon können Sie ausgehen«, fasst sich der Richter kurz. Abduls Anwalt fordert Schadenersatz und das Gericht spricht ihm diesen auch zu. Nun hat er 30 Jahre Zeit, sich das Geld von den Damen zurückzuholen. Notfalls über den Exekutor.

Spaßvogel auf Abwegen

Von Zeit zu Zeit erlauben sich brave Bürger einen Jux mit Polizei oder Justiz. Selbst die Androhung langjähriger Freiheitsstrafen kann sie nicht davon abhalten, die Fahnder zu necken.

Während die meisten Angeklagten zumindest in der Hauptverhandlung den Ernst der Lage begreifen, sitzt anderen selbst hier vor dem ehrwürdigen Herrn Rat noch der Schalk im Nacken. So auch Hubert, dem 44-jährigen Feldkircher. Er ist leger gekleidet und trägt eine sportliche Schildkappe. Gut gelaunt wartet er, bis der Prozess beginnt. Der Angeklagte lehnt lässig an der Wand, grüßt alle Vorbeigehenden mit einem freundlichen »Grüß Gott«. Einem Gerichtsbediensteten, den Hubert zu kennen scheint, wirft er mit einer lässigen Handbewegung ein »Habe die Ehre« zu. Hubert nippt am heißen Automatenkaffee. Dann ruft der Richter die Verhandlung auf, und Hubert betritt den Gerichtssaal – mit dem Kaffeebecher in der Hand.

Verdutzt mustert ihn der Vorsitzende. »Sind Sie Herr M.?«, fragt ihn der Richter unsicher. Er hat schon viel erlebt, aber mit einem Kaffee ist bisher noch niemand zum Verhandlungstermin erschienen. »Den müssen Sie aber jetzt wegstellen«, fordert ihn der Richter in strengem Ton auf. »Aber dann wird er ja kalt«, gibt Hubert zu bedenken. »Da kann man jetzt nichts machen«, kontert der Mann im Talar und beginnt mit der Überprüfung der Personalien: »Hubert M., Mutter Hannelore, Vater Josef, geboren am 1.3.1961 in Bludenz, wohnhaft Thüringerstraße 31, Feldkirch-Meiningen«.

Hubert grinst. »Stimmt genau«, antwortet er in einem Ton, der dem eines Showmasters ähnelt. Gemäß Strafprozessordnung folgt nun die Frage, ob sich der Angeklagte schuldig bekenne. Wiederum zeigt sich der Feldkircher auskunftsfreudig. »Ja, das hab ich alles gemacht. Ich weiß auch, dass man das nicht darf, aber es hat Spaß gemacht«, wirft der wegen versuchten Raubes Angeklagte ein.

Es geschah am Abend des 31. Mai. Hubert M. saß im Gasthaus Traube und hatte bereits sechs Bier getrunken, als er plötzlich zu Scherzen aufgelegt war. »So, jetzt jage ich jemandem einen Schrecken ein«, kündigte er an. Dann schwang er sich auf sein Mofa.

Vor einer kleinen Bäckerei hielt er an, torkelte maskiert in das

Geschäft und zog seine Spielzeugpistole. Die Verkäuferin erkannte sofort, dass es sich um eine Faschingsrequisite handelte. Das Mädchen holte die Chefin. Hubert forderte sie auf, ihm sofort das Geld auszuhändigen, das sei ein Überfall. Die Geschäftsinhaberin entgegnete: »Los, gib die Waffe her!« Als der Möchtegernräuber nicht reagierte, stürzte sie sich auf ihn und entriss ihm das Spielzeug. Verblüfft legte Hubert die Maske ab und spaßte: »Gut gemacht.«

»War das so, Herr M.?«, will der Richter wissen. Hubert bestätigt die Richtigkeit der Angaben und fügt hinzu: »Die ist so energisch aufgetreten, dass sich bestimmt auch ein echter Räuber gefürchtet hätte.«

Er setzte vorschriftsmäßig seinen Sturzhelm auf und fuhr zurück ins Gasthaus – ohne Beute. Dort setzte er sich wieder an den Tresen und bestellte ein Bier. Plötzlich hörte er das Geräusch eines Hubschraubers. Im Radio wurde gerade berichtet, dass eine Bäckerei überfallen worden, der Täter flüchtig und eine Großfahndung im Gange sei. Da fasste sich Hubert ein Herz. Er wollte die Polizei – seine »Freunde und Helfer« – nicht länger im Dunkeln tappen lassen. Er nahm sein Handy, wählte die Notrufnummer und gestand alles: »Hallo, ich bin der Räuber, den ihr sucht. Ich warte im Gasthaus Traube.«

| 31 | NÖTIGUNG |

Der Polizei habe er noch genau den Weg zum Gasthaus beschrieben. Die zwei Laienrichter können kaum glauben, was dieser Spaßvogel von sich gibt. Über die zwei Berufsrichter hinweg werfen sich die beiden Schöffen ein verschmitztes Lächeln zu und schütteln immer wieder den Kopf.

Als die Polizei in der »Traube« eintraf, trank Hubert sein letztes Bier aus, verabschiedete sich von der Kellnerin und begleitete die Einsatzkräfte gut gelaunt zum Dienstwagen. Der Hubschrauber konnte die Suche abbrechen. Hubert konnte sich endlich mal als Räuber versuchen und sich so einen lang gehegten Kindheitstraum erfüllen.

Hubert setzt zu einem Schlusswort an: »Ich habe zwar eine Bäckerei überfallen, aber auch der Polizei auf die Sprünge geholfen.« Das wird beim Schuldspruch auch berücksichtigt. Vom Raubversuch wird der Dilettant freigesprochen. Wegen schwerer Nötigung wird er jedoch zu vier Monaten Haft verurteilt. Zudem

muss Hubert 600,– Euro plus Gerichtskosten bezahlen. Gut gelaunt nimmt er das Urteil an. »Und künftig unterlassen Sie diese Scherze, Herr M.! Haben wir uns verstanden?«, ruft ihm der Richter noch nach. »Jawohl«, antwortet Hubert und schreitet Richtung Ausgang.

Erfahrung ist durch nichts zu ersetzen

Ein Einbrecher, der bereits mehrere Jahre hinter Gittern verbrachte, hat erneut zugeschlagen. Da unter den Opfern auch mehrere Vorarlberger sind, ist der Fall auch für die Medien interessant.

Pünktlich um 13 Uhr wird Gerold aus der Haft vorgeführt. Zwei Wachebeamten begleiten ihn. Der Mann sieht ziemlich verwahrlost aus.

Wie bei Einzelrichterverhandlungen üblich, verweist der Staatsanwalt auf den schriftlichen Strafantrag, und auch der Richter überfliegt routiniert die Personaldaten. Beim Punkt Vorstrafen hält der Mann im Talar kurz inne. Es sind 21 an der Zahl. Der Angeklagte, der keinen Verteidiger wollte, lümmelt auf seinem Stuhl. Er nimmt die Sache gelassen. Doch dann meldet er sich plötzlich zu Wort.

Was er durch die von Karies befallenen Zähne lispelt, ist kaum zu glauben. Er beantragt, die Öffentlichkeit vom Verfahren auszuschließen. Wegen sittlicher Gründe kommt ein Ausschluss nicht in Betracht. Denn es geht um keinerlei sexuellen Vorwürfe. Auch mit Berufs- oder Geschäftsgeheimnissen hat der Fall nichts zu tun. Und Jugendlicher ist der Mann längst nicht mehr.

»Mit welcher Begründung?«, fragt ihn der Richter. »Ich stelle diesen Antrag nach Paragraf 488 Ziffer 3 Strafprozessordnung. Es hat weder eine Voruntersuchung noch gerichtliche Vorerhebungen gegen mich gegeben«, entgegnet er.

Ich traue meinen Ohren nicht. Der Mann sagt dies in einem Ton, als bestelle er in einem Getränkemarkt eine Kiste Bier. Was die Formulierung betrifft, so tritt der Dauerdelinquent jedoch auf, als habe er gerade die Anwaltsprüfung mit Auszeichnung abgelegt. Die zitierte Gesetzesstelle stimmt, sogar die Ziffer. Dass der unverschämte Kerl mit seinem Begehren eventuell Erfolg haben könnte, beunruhigt mich. Ich blicke zum Staatsanwalt hinüber, der bei solchen Anträgen Stellung nehmen muss. Auch sein Gesichtsausdruck verfinstert sich zusehends. »Soso«, meint der Richter nüchtern. Er fordert den Staatsanwalt auf, sich zu äußern. Der Anklagevertreter lehnt sich zurück. Verärgert sagt er: »Diese Gesetzesstelle ist zwingend. Dagegen kann ich nichts unternehmen.«

32 | § 488 StPO

Triumphierend lächelt mir der Einbrecher zu und der Richter fordert mich auf, den Saal zu verlassen. Ich muss gehen, der Einbrecher darf bleiben.

Was die Einbrüche anlangt, so muss Gerold entweder aufhören oder noch viel dazu lernen, wenn er nicht den Rest seines Lebens hinter Gittern verbringen will. In Sachen Verteidigung hingegen ist er schon ziemlich gut.

Im Nachhinein frage ich mehrere Richter nach dieser Gesetzesstelle und vor allem nach deren Sinn. Nach ausführlicher Recherche finden wir den entsprechenden Paragrafen, doch den Sinn kann mir keiner erklären. Im Strafrechtskommentar stehen schließlich die Ausführungen eines Universitätsprofessors. Er erläutert die Schutzbestimmung zugunsten von Gaunern. Wenn ein Verfahren lediglich durch polizeiliche Ermittlungen vorbereitet werde, bestehe die Gefahr, dass Beweise nur mangelhaft und übereilt zusammengetragen werden. An einer Verurteilung ändere das zwar nichts, aber immerhin gebe es hier noch kontrollierende Instanzen. Was die Öffentlichkeit betreffe, erachte der Gesetzgeber die Geheimhaltung des Falles für notwendig. Denn wer einmal öffentlich bloßgestellt sei, für den sei eine Rehabilitation äußerst schwierig.

Jedenfalls muss diese selten angewandte Gesetzesstelle bis zu Gerold durchgedrungen sein. Ein solcher Antrag wird vielleicht einmal innerhalb von drei Jahren gestellt. Selbst erfahrene Rechtsanwälte geben zu, diese Regelung nicht gekannt zu haben. Der Angeklagte hatte offensichtlich einen Wissensvorsprung.

Dr. Christiane Eckert

Geboren 1965 in Bregenz
Studium der Rechtswissenschaften in Innsbruck
1999 Promotion (Umweltrecht)
Ausbildung zur Touristikkauffrau
Arbeitete als Reiseleiterin und Animateurin in Griechenland
Seit 1998 als freie Journalistin tätig

Den Schwerpunkt ihrer journalistischen Tätigkeit
bildet die Gerichtsberichterstattung
Sammelte als Korrespondentin für Radio Liechtenstein
Erfahrungen im Rundfunk- und Onlinebereich
Schreibt für die Austria Presse Agentur
sowie verschiedene Zeitschriften und Tageszeitungen

Dank

Bedanken möchte ich mich zuallererst beim »Hausherrn« des Landesgerichts Feldkirch, beim Präsidenten Dr. Alfons Dür. Er gewährte uns Zutritt zu den Räumlichkeiten des Gerichtsgebäudes. Ein herzliches Dankeschön in diesem Zusammenhang auch an die Gerichtsbediensteten Wilfried Walser und Uwe Siebenhüter. Die beiden waren bei den Führungen durch die altehrwürdigen Mauern stets geduldig und gut gelaunt. Dass die mehrtägige und teils mühsame Suche nach Fotomotiven Spaß machte, habe ich Gerhard Klocker zu verdanken. Von ihm stammen sämtliche Fotografien zum Thema »Gerichtsbarkeit«.

Im Laufe der Jahre ist zur gesamten Richter- und Staatsanwaltschaft ein Vertrauensverhältnis entstanden, ohne das dieses Buch nicht möglich gewesen wäre. Ebenfalls danken möchte ich bei dieser Gelegenheit auch dem Pressesprecher Dr. Reinhard Flatz sowie dem leitenden Staatsanwalt Dr. Franz Pflanzner, die mir bei den Recherchen behilflich waren.

Viel Arbeit habe ich meiner Arbeitskollegin und Freundin Heidi Rinke-Jarosch mit diesem Buch beschert. Sie hat trotz Leitung der Echo-Redaktion immer Zeit gefunden, die Geschichten Korrektur zu lesen.

Auch Kurt Dornig, verantwortlich für die Buchgestaltung, sei gedankt.

Wesentlich zur Entstehung dieses Buches beigetragen hat auch Daniel Moser, der die Texte umsichtig lektoriert hat.

Abschließend möchte ich noch Günter Bucher danken. Denn was nützen die spannendsten Buchideen, wenn sich keiner findet, der sie druckt?

Impressum
© 2007 BUCHER VERLAG
Hohenems
www.quintessence.at
Printed in Austria

Texte
Textrechte bei der Autorin,
Dr. Christiane Eckert

Fotografien
Gerhard Klocker

Gestaltung
Kurt Dornig, Dornbirn

Lektorat
Daniel Moser

Bildbearbeitung
Günter König, Weiler

Produktion
BUCHER Druck Verlag Netzwerk,
Hohenems

Schriften
Parable von Chris Burke
Berthold Imago
von Günter Gerhard Lange

Papiere
Munken Print Express weiß
Freelife Merida B31 Indigo
Freelife Merida 03 White

Bindung
Buchbinderei Eibert,
Eschenbach/CH

1. Auflage, Oktober 2007
2.000 Exemplare

ISBN
978-3-902612-24-3

Mit freundlicher Unterstützung